이화 한국어

참고서

STUDY GUIDE

이화여자대학교 언어교육원
Ewha Womans University
Ewha Language Center

이화 한국어

참고서

김현진 · 윤여옥 · 이은진 지음

English Version

2-1

EPRESS

이화 한국어 참고서 2-1 (English Version)

지은이 김현진 · 윤여옥 · 이은진

펴낸날 1판 1쇄 2015년 12월 2일
3쇄 2022년 7월 11일
펴낸이 정은경 **펴낸곳** 이화여자대학교출판문화원
주소 서울특별시 서대문구 이화여대길 52(우 03760) **등록** 1954년 7월 6일 제9-61호
전화 02) 3277-2965(편집), 02) 362-6076(마케팅)
팩스 02) 312-4312 **전자우편** press@ewha.ac.kr **홈페이지** www.ewhapress.com

번역 박경희 · 조윤정 · 한미선 **감수** 최혜원 **진행** 김현진 · 정누리
책임편집 민지영 **디자인** 김리영 · 정혜진 **인쇄** 한영문화사

ISBN 979-11-5890-123-3 18710
978-89-7300-875-9 (세트)
값 10,000원

* 잘못된 책은 구입처에서 바꾸어 드립니다.

* 이 도서의 국립중앙도서관 출판시도서목록(CIP)은 서지정보유통지원시스템 홈페이지(http://seoji.nl.go.kr)와 국가자료공동목록시스템 (http://www.nl.go.kr/kolisnet)에서 이용하실 수 있습니다.(CIP제어번호: CIP2015031428)

» Contents

Table of Contents

Ⓖ Grammar Ⓟ Pronunciation V&E Vocabulary & Expression FE Functional Expression Ⓓ Dialogue Ⓢ Script Ⓣ Text Tell Tell me!

Contents

How to Use This Book

『이화 한국어 참고서 2-1』 and 『이화 한국어 참고서 2-2』 are study guides for Korean-language learners, accompanying the textbooks 『이화 한국어 2-1』 and 『이화 한국어 2-2』. These study guides contain detailed explanations of the grammar, vocabulary and expressions used in the Preparation (준비합시다), Listening (들어 봅시다), Speaking (말해 봅시다), and Reading & Writing (읽고 써 봅시다) sections of each unit. Additionally, the scripts for 들어 봅시다, the dialogues for 말해 봅시다, and the texts for 읽고 써 봅시다 have all been translated into English.

준비합시다

Grammar Focus

Grammar points are clearly explained with morphological information in the table below, helping students to understand the usage of grammatical structures and various irregular forms. Adjectives are marked as A, verbs V, and nouns N. In addition, various examples are given to demonstrate grammar in use.

Focus Plus

More detailed explanations of grammar are given such as the constraints of certain forms or differences with other similar grammatical structures, to help students to reduce errors in using grammatical structures.

Answers

Answers to the exercises in the textbook are given. Students can check the correct answers for themselves.

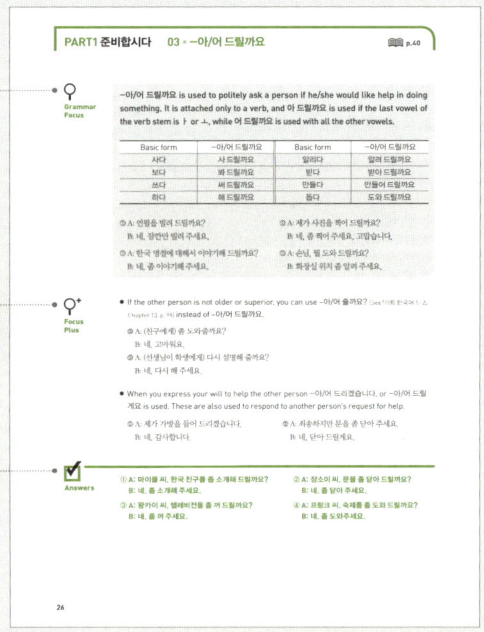

PART1 준비합시다 03 » -아/어 드릴까요 p.40

Grammar Focus

-아/어 드릴까요 is used to politely ask a person if he/she would like help in doing something. It is attached only to a verb, and 아 드릴까요 is used if the last vowel of the verb stem is ㅏ or ㅗ, while 어 드릴까요 is used with all the other vowels.

Basic form	-아/어 드릴까요	Basic form	-아/어 드릴까요
사다	사 드릴까요	알리다	알려 드릴까요
보다	봐 드릴까요	받다	받아 드릴까요
쓰다	써 드릴까요	만들다	만들어 드릴까요
하다	해 드릴까요	돕다	도와 드릴까요

A: 연필을 빌려 드릴까요?
B: 네, 잠깐만 빌려 주세요.

A: 한국 명절에 대해서 이야기해 드릴까요?
B: 네, 좀 이야기해 주세요.

A: 제가 사진을 찍어 드릴까요?
B: 네, 좀 찍어 주세요. 고맙습니다.

A: 손님, 뭘 도와 드릴까요?
B: 화장실 위치 좀 알려 주세요.

Focus Plus

- If the other person is not older or superior, you can use -아/어 줄까요? (See 『이화 한국어 1-2』 Chapter 13. p. 99) instead of -아/어 드릴까요.

  A: (친구에게) 좀 도와줄까요?
  B: 네, 고마워요.
  A: (선생님이 학생에게) 다시 설명해 줄까요?
  B: 네, 다시 해 주세요.

- When you express your will to help the other person -아/어 드리겠습니다, or -아/어 드릴게요 is used. These are also used to respond to another person's request for help.

  A: 제가 가방을 들어 드리겠습니다.
  B: 네, 감사합니다.

  A: 죄송하지만 문을 좀 닫아 주세요.
  B: 네, 닫아 드릴게요.

Answers

① A: 마이클 씨, 한국 친구를 좀 소개해 드릴까요?
B: 네, 좀 소개해 주세요.

② A: 장소이 씨, 문을 좀 닫아 드릴까요?
B: 네, 좀 닫아 주세요.

③ A: 왕카이 씨, 텔레비전을 좀 꺼 드릴까요?
B: 네, 좀 꺼 주세요.

④ A: 프랑크 씨, 숙제를 좀 도와 드릴까요?
B: 네, 좀 도와주세요.

26

들어 봅시다 / 말해 봅시다 / 읽고 써 봅시다

Vocabulary & Expression

Detailed explanations of meaning and usage are given for words and expressions that are useful in daily life. Various examples are given to increase students' understanding.

Functional Expression

Explanations for functional expressions related with the topic of each section are given in such a way that students can learn to apply them in different situations.

Script / Dialogue / Text

The text for the Listening(들어 봅시다), Speaking(말해 봅시다), Reading & Writing(읽고 써 봅시다) sections in the textbook have been translated into English to help students easily understand the contents.

Answers

Answers to the questions in the Listening(들어 봅시다) and Reading & Writing(읽고 써 봅시다) sections are given along with explanations that will help students to confirm their knowledge and understand the contents.

Reading & Writing Tip

Explanations are given for the expressions and points to look out for in relation to the contents of the reading and writing exercises in the Reading & Writing(읽고 써 봅시다) section.

Pronunciation

Explanations are given for the pronunciation rules presented for the reading aloud exercises in the Reading & Writing(읽고 써 봅시다) section along with pronunciation examples.

Tell me!

Information that is crucial for the study of Korean is given in Q&A form.

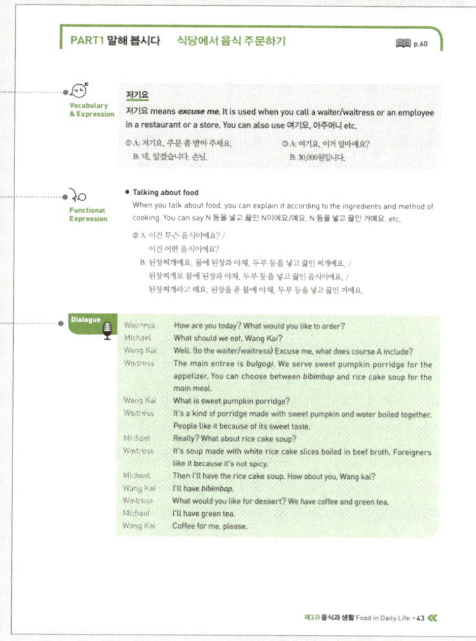

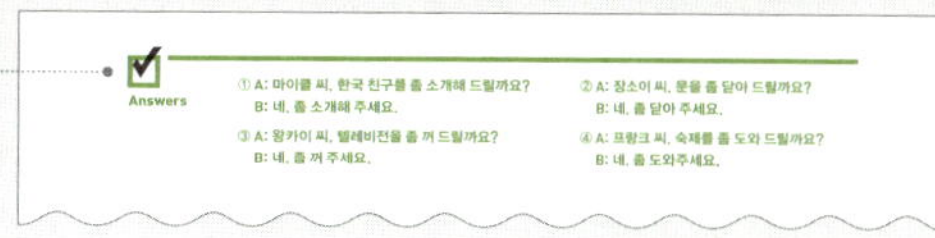

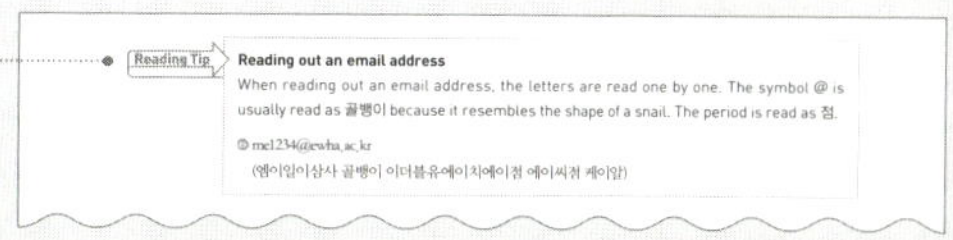

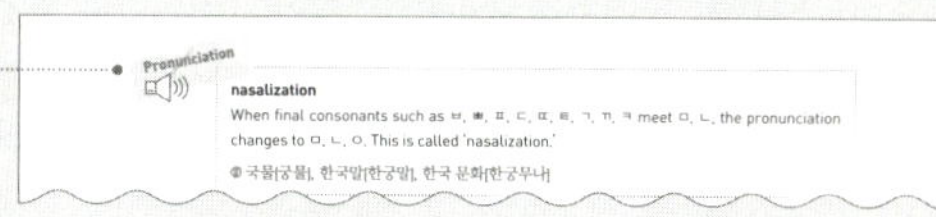

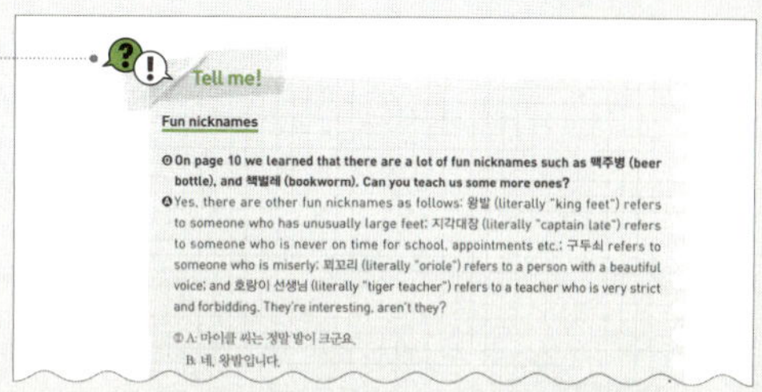

Vocabulary Check

A basic vocabulary list is given for each unit taking into account the frequency and level of difficulty of words. The words are grouped into various categories according to the overall topic of each unit, helping the students to memorize the vocabulary and test themselves.

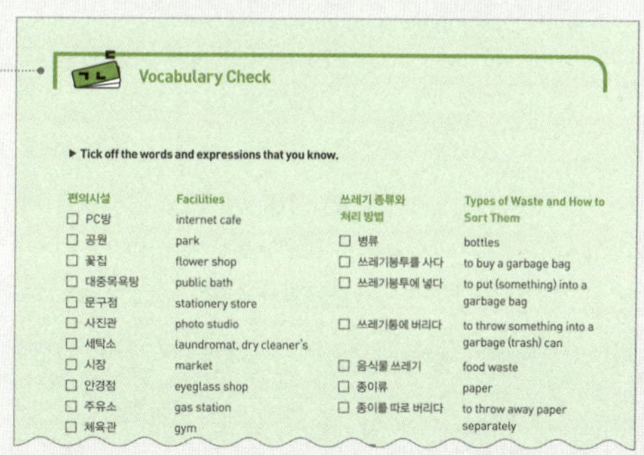

PART1 준비합시다 01 • (이)라고 하다

p.20

Grammar Focus

(이)라고 하다 is used when introducing one's name to others or naming an object. It is also used to relay something heard from a third party. It is attached to a noun, and if the noun ends in a consonant 이라고 하다 is used, while 라고 하다 is used if it ends in a vowel.

Noun	(이)라고 하다	Noun	(이)라고 하다
장소이	장소이라고 하다	의자	의자라고 하다
마이클	마이클이라고 하다	학생	학생이라고 하다

ex A: 처음 뵙겠습니다. 저는 이치로라고 합니다. 일본에서 왔습니다.
B: 반갑습니다. 제 이름은 수잔입니다.

ex A: 안녕하세요? 저는 마이클이라고 합니다.
B: 안녕하세요? 저는 장소이입니다.

ex A: 'chair'를 한국어로 뭐라고 해요?
B: 한국어로 의자라고 해요.

ex A: 이걸 한국어로 뭐라고 합니까?
B: 책상이라고 합니다.

ex A: 책을 좋아하는 사람을 뭐라고 하면 좋을까요?
B: 책벌레라고 하는 게 좋겠습니다.

ex A: 수영을 못하는 사람을 한국어로 뭐라고 해요?
B: 맥주병이라고 해요.

ex A: 우리 반 모임이 언제예요?
B: 다음 주 수요일이라고 해요. 티엔 씨가 알려 주었어요.

Answers

① A: 처음 뵙겠습니다. 저는 중국에서 온 장소이라고 합니다.
B: 만나서 반갑습니다. 저는 율리아입니다.

② A: 처음 뵙겠습니다. 저는 일본에서 온 이치로라고 합니다.
B: 만나서 반갑습니다. 저는 율리아입니다.

③ A: 처음 뵙겠습니다. 저는 네덜란드에서 온 얀이라고 합니다.
B: 만나서 반갑습니다. 저는 율리아입니다.

④ A: 처음 뵙겠습니다. 저는 프랑스에서 온 미셸이라고 합니다.
B: 만나서 반갑습니다. 저는 율리아입니다.

⑤ A: 처음 뵙겠습니다. 저는 이집트에서 온 모하메드라고 합니다.
B: 만나서 반갑습니다. 저는 율리아입니다.

Grammar Focus

-(으)ㄴ 지 is used to indicate the passage of time from a certain event. It is attached to a verb, and if the verb stem ends in a consonant -은 지 is used, while -ㄴ 지 is used if it ends in the consonant ㄹ or a vowel.

Basic form	-(으)ㄴ 지	Basic form	-(으)ㄴ 지
오다	온 지	찍다	찍은 지
만들다	만든 지	듣다	들은 지

ex A: 미셸 씨는 고등학교를 졸업한 지 얼마나 됐어요?
B: 저는 작년에 졸업했어요. 1년 정도 됐어요.

ex A: 왕카이 씨, 이 책 읽었어요?
B: 네. 그런데 읽은 지 오래돼서 내용은 기억이 잘 안 나요.

ex A: 티엔 씨는 한국에 산 지 오래됐어요?
B: 네, 한국에 산 지 5년이 넘었어요.

ex A: 이 소식은 언제 들었어요?
B: 들은 지 일주일 됐어요.

Focus Plus

- As -(으)ㄴ 지 is used to indicate how much time has passed after a certain event, the following clause must contain expressions related to the lapse of time such as 되다, 지나다, 넘다, or 흐르다.

ex A: 언제부터 한국어를 공부했어요?
B: 한국어를 공부한 지 3달이 지났어요.

- Both -(으)ㄴ 지 N이/가 지나다 and -(으)ㄴ 지 N이/가 넘다 have the same meaning.

ex A: 피아노를 배운 지 얼마나 됐어요?
B: 피아노를 배운 지 1년이 지났어요.
(= 1년이 넘었어요)

Answers

① A: 미셸 씨는 휴대 전화를 산 지 얼마나 됐어요?
B: 1년이 됐어요.

② A: 마이클 씨는 친구에게 편지를 보낸 지 얼마나 됐어요?
B: 3개월이 됐어요.

③ A: 티엔 씨는 점심을 먹은 지 얼마나 됐어요?
B: 네 시간이 됐어요.

④ A: 이치로 씨는 이 소식을 들은 지 얼마나 됐어요?
B: 일주일이 됐어요.

⑤ A: 장소이 씨는 하숙집에서 산 지 얼마나 됐어요?
B: 5개월이 됐어요.

Grammar Focus

-(으)ㄴ/는/(으)ㄹ 게 아니라 is attached to an adjective or verb to deny and correct the preceding statement. When it is attached to an adjective, -(으)ㄴ 게 아니라 is used regardless of the tense. However in the case of verbs, -(으)ㄴ 게 아니라 is used with a past tense verb, -는 게 아니라 with a present tense verb, and -(으)ㄹ 게 아니라 with a future tense verb.

Basic form	-(으)ㄴ 게 아니라	-는 게 아니라	-(으)ㄹ 게 아니라
예쁘다	예쁜 게 아니라	-	-
많다	많은 게 아니라	-	-
가다	간 게 아니라	가는 게 아니라	갈 게 아니라
먹다	먹은 게 아니라	먹는 게 아니라	먹을 게 아니라
듣다	들은 게 아니라	듣는 게 아니라	들을 게 아니라
돕다	도운 게 아니라	돕는 게 아니라	도울 게 아니라
짓다	지은 게 아니라	짓는 게 아니라	지을 게 아니라

ex A: 이 케이크는 어디에서 샀어요?
B: 이거 산 게 아니라 제가 집에서 만든 거예요.

ex A: 장소이 씨, 요즘 컴퓨터를 배우러 다녀요?
B: 배우러 다니는 게 아니라 학원에서 아이들에게 컴퓨터를 가르치고 있어요.

ex A: 이 책 수잔 씨가 읽을 거예요?
B: 아니요. 제가 읽을 게 아니라 친구한테 선물할 거예요.

ex A: 이번에는 사장님의 생각이 틀렸어요.
B: 틀린 게 아니라 사장님과 우리의 입장이 다른 거예요.

Focus Plus

- When -(으)ㄴ/는/(으)ㄹ 게 아니라 is used with a noun rather than an adjective or verb, it becomes N이/가 아니라.

  ex A: 왕카이 씨는 일본 사람이에요?
  B: 일본 사람이 아니라 중국 사람이에요.

Answers

① A: 수업이 끝났어요?
B: 끝난 게 아니라 잠깐 쉬는 거예요.

② A: 그 이야기를 누구한테서 들었어요?
B: 들은 게 아니라 텔레비전에서 봤어요.

③ A: 이 꽃은 선물할 거예요?
B: 선물할 게 아니라 선물 받은 거예요.

④ A: 옷이 크지 않아요?
B: 옷이 큰 게 아니라 살이 빠진 거예요.

⑤ A: 티엔 씨는 중국 사람이에요?
B: 중국 사람이 아니라 베트남 사람이에요.

Vocabulary & Expression

그냥 소피라고 하시면 돼요

그냥 소피라고 하시면 돼요 means (*you*) ***can just call me Sophie***. It implies that you can call her simply Sophie, a short and convenient form of address, instead of her full name Sophie Flaubert. 그냥 has three different meanings: 1) as it is, without change 2) as it has always been, and 3) simply, that is, without any rewards, conditions, or intentions.

ex A: 마이클 씨, 커피에 설탕을 넣을까요?
B: 설탕 넣지 말고 그냥 주세요. 저는 설탕 안 넣어요.

ex A: 장소이 씨가 아직도 울고 있어요?
B: 네, 하루 종일 방에서 그냥 울고 있어요.

ex A: 여기 있는 물 한 병 가져가도 돼요?
B: 네. 오신 분들에게 드리는 거예요. 그냥 가져가시면 돼요.

참

참 means ***really, truly, and very*** and indicates that something is the actual truth or fact. It is generally used in spoken language.

ex A: 지난주에 설악산에 갔지요? 어땠어요?
B: 경치가 참 좋았어요. 다시 가 보고 싶어요.

Functional Expression

- **Starting a conversation with a new neighbor**
  When starting a conversation with a new neighbor, a greeting is first made before getting to the point. By beginning with expressions like 안녕하세요?, 실례지만 or 저기요, you indicate that you have something to say.

ex A: 안녕하세요? 어제 새로 이사 오셨지요? /
실례지만 앞집으로 이사 오신 분이세요? /
저기요. 어제 이 집으로 이사 오신 분이시지요?
B: 네, 안녕하세요? 반갑습니다. 김영민이라고 합니다.

- **Praising someone's Korean language ability**
  When you hear someone speaking fluently in Korean, expressions such as 한국어를 참 잘하세요, 한국어 실력이 좋으세요, or 어쩌면 그렇게 한국어를 유창하게 잘하세요? can be used as a compliment.

ex A: 한국어를 참 잘하세요. /
한국어 실력이 좋으세요. /
어쩌면 그렇게 한국어를 유창하게 잘하세요?
B: 별말씀을요.

Script

Lee Eunju	Hello, have you just moved in?
Sophie	Yes, I have. How are you? I've moved into room 901. My name is Sophie Flaubert, but you can just call me Sophie.
Lee Eunju	Nice to meet you. My name is Lee Eunju. I live next door in room 902. Are you from the States?
Sophie	No, I'm not. I'm from France.
Lee Eunju	Oh, I see. How long have you been in Korea?
Sophie	About two months.
Lee Eunju	You speak Korean very well. Anyway, I'll be seeing you around.
Sophie	Yes, I hope to see you again soon.

Answers

(1) ② The two are next door neighbors, living in the same apartment building.

(2) 프랑스

(3) ① 네 ② 네 ③ 아니요

Upon hearing Sophie speak in Korean, Lee Eunju said her Korean was excellent.

Tell me!

Fun nicknames

Q On page 10 we learned that there are a lot of fun nicknames such as 맥주병 (beer bottle), and 책벌레 (bookworm). Can you teach us some more ones?

A Yes, there are other fun nicknames as follows: 왕발 (literally "king feet") refers to someone who has unusually large feet; 지각대장 (literally "captain late") refers to someone who is never on time for school, appointments etc.; 구두쇠 refers to someone who is miserly; 꾀꼬리 (literally "oriole") refers to a person with a beautiful voice; and 호랑이 선생님 (literally "tiger teacher") refers to a teacher who is very strict and forbidding. They're interesting, aren't they?

ex A: 마이클 씨는 정말 발이 크군요.
B: 네. 왕발입니다.

ex A: 장소이 씨는 목소리가 정말 좋아요.
B: 네. 그래서 우리는 장소이 씨를 꾀꼬리라고 불러요.

Vocabulary & Expression

개월

개월 means ***month***. It is the unit used to count months. As the word is preceeded by Sino-Korean numbers, 1개월 is read as ilgaewol [일개월] and 2개월 is read as igaewol [이개월]. When a numeral is placed in front of 개월 the number and the word are joined, but when the number is written out there is a space between the number and the word 개월.

ex A: 마이클 씨는 언제 한국에 왔어요?
B: 3개월 전에 왔어요.

ex A: 한국에서 얼마나 사셨어요?
B: 1년 6개월 살았어요.

유학

유학 means ***studying abroad***. Various expressions can be constructed in conjunction with the word 유학 including 유학 생활, 유학을 가다/오다, 유학에서 돌아오다, or 유학 보내다.

ex A: 한국 유학 생활이 어때요?
B: 처음에는 힘들었어요.
그런데 지금은 친구들도 생겨서 재미있어요.

ex A: 아들을 언제 미국으로 유학 보내셨어요?
B: 고등학교 때 갔어요.

Functional Expression

- **Saying that you came to Korea to study**

When telling someone you came to Korea to study, such expressions as 유학 왔습니다, 한국어를 배우고 있어요, or 한국어를 공부하러 왔어요 are used to express your purpose in coming to the country.

ex A: 무슨 일로 한국에 오셨어요?
B: 유학 왔습니다. / 한국어를 배우고 있어요. /
한국어를 공부하러 왔어요. / 한국어를 배우는 학생입니다.

Dialogue

Zhang Souyi	Hello, my name is Zhang Souyi. I'm from China.
Michael	Hi, it's a pleasure to meet you. My name is Michael and I'm from the States.
Zhang Souyi	How long have you been living in Korea?
Michael	I've been here for one year. How about you?
Zhang Souyi	I came to Korea five months ago to study Korean. Did you also come here to study Korean?
Michael	No, I didn't. I came to Korea because of my work. I'm working at a trading company.
Zhang Souyi	Oh, really? Anyway, it was nice to meet you.
Michael	Yes, I hope to see you around.

01 • 에 대해(서)

p.26

Grammar Focus

에 대해(서) is used to indicate that the preceding noun is the object or subject of the following statement. It is usually followed by verbs like 알다, 모르다, 말하다, 설명하다, or 이야기하다. 에 대해서 can also be used in the contracted form 에 대해. 에 대해서 is interchangeable with 에 관해(서).

Noun	에 대해(서)	Noun	에 대해(서)
친구	친구에 대해(서)	가족	가족에 대해(서)
한국어 공부	한국어 공부에 대해(서)	학교생활	학교생활에 대해(서)

ex A: 이치로 씨는 한국의 유명한 관광지에 대해서 알아요?
B: 네. 한국의 유명한 관광지에는 설악산과 제주도가 있어요.

ex A: 지금 무슨 이야기를 하고 있었어요?
B: 오늘 숙제에 대해서 말하고 있었어요.

ex A: 마이클 씨, 이 가수에 대해 아세요?
B: 그럼요. 요즘 제일 인기가 많은 김준수예요.

ex A: 시청에서 학교에 오는 방법에 대해 이야기해 줄 수 있어요?
B: 지하철 2호선을 타고 이대역에서 내리세요. 그게 제일 편해요.

ex A: 선생님, 이 문법에 대해 다시 설명해 주세요.
B: 네, 그럴게요.

ex A: 한국 음식에 대해서 잘 몰라요. 마이클 씨가 좀 골라 주세요.
B: 그럼 우리 된장찌개를 먹어요. 맵지 않고 맛있어서 괜찮을 거예요.

Focus Plus

- N에 대한 is followed by a noun. In this case, N에 대해(서) is not used. The nouns usually following N에 대한 include 글, 기사, 책, 소문, 이야기, etc.

  ex 한국 문화에 대한 책 (○)
  한국 문화에 대해서 책 (×)

Answers

① A: 장소이 씨는 한국의 가수에 대해서 알아요?
B: 네. 한국의 가수에는 비, 보아가 있어요.

② A: 미셸 씨는 한국의 음식에 대해서 알아요?
B: 네. 한국의 음식에는 잡채, 비빔밥이 있어요.

③ A: 나타샤 씨는 한국의 도시에 대해서 알아요?
B: 네. 한국의 도시에는 경주, 부산이 있어요.

④ A: 티엔 씨는 한국의 전통 춤에 대해서 알아요?
B: 네. 한국의 전통 춤에는 탈춤, 부채춤이 있어요.

⑤ A: 마이클 씨는 한국의 전통 놀이에 대해서 알아요?
B: 네. 한국의 전통 놀이에는 윷놀이, 연날리기가 있어요.

Grammar Focus

-(으)려고 indicates one's intention or purpose in doing something. It is attached only to a verb, and if the verb stem ends in a consonant 으려고 is used, while 려고 is used if it ends in the consonant ㄹ or a vowel.

Basic form	-(으)려고	Basic form	-(으)려고
가다	가려고	만들다	만들려고
먹다	먹으려고	듣다	들으려고
살다	살려고	돕다	도우려고

ex A: 장소이 씨는 왜 한국어를 공부해요?
B: 한국에서 대학교에 가려고 한국어를 공부해요.

ex A: 요코 씨, 결혼한 후에 한국에서 살 거예요, 일본에서 살 거예요?
B: 3년 정도는 한국에 살려고 해요. 그 다음에 일본으로 가려고요.

Focus Plus

- -(으)려고 and -(으)러 are similar expressions in that both of them indicate the intention or purpose of an action. However, -(으)려고 is generally used to indicate the intention or purpose of the accompanying verb. On the other hand, -(으)러 is used to indicate the aim of verbs related to movement such as 가다, 오다, and 다니다. Although -(으)려고 can not be used when the following clause is imperative or propositive, -(으)러 can be used in both cases. (see 『이화 한국어 1-2』 chapter 9, p. 43)

ex 마이클 씨는 운동하려고 아침에 일찍 일어나요. (○)
마이클 씨는 운동하러 아침에 일찍 일어나요. (×)
마이클 씨는 운동하러 아침에 체육관에 가요. (○)

ex 이치로 씨, 지금 식사하러 가세요. (○) / 지금 식사하러 갑시다. (○)
이치로 씨, 지금 식사하려고 가세요. (×) / 지금 식사하려고 갑시다. (×)

Answers

① A: 나타샤 씨, 지금 뭐 하고 있어요?
B: 동아리에 가입하려고 가입 신청서를 쓰고 있어요.

② A: 프랑크 씨, 지금 뭐 하고 있어요?
B: 친구와 영화를 보려고 인터넷으로 표를 예매하고 있어요.

③ A: 장소이 씨, 지금 뭐 하고 있어요?
B: 저녁을 먹으려고 손을 씻고 있어요.

④ A: 이치로 씨, 지금 뭐 하고 있어요?
B: 보고서 자료를 찾으려고 도서관에 가고 있어요.

⑤ A: 율리아 씨, 지금 뭐 하고 있어요?
B: 케이크를 만들려고 재료를 사고 있어요.

Vocabulary & Expression

자랑할 게 많습니다

자랑할 게 많습니다 means ***(we) have many things to boast of***. 자랑하다 is an expression indicating that you or a person, thing, or event that is closely related to you is excellent in some respect and deserves praise from others.

ex A: 이 식당은 다른 곳과 달리 특별히 자랑할 게 있나요?
B: 그럼요. 저희 식당은 자랑할 게 많습니다. 먼저 몸에 좋은 채소로만 음식을 만듭니다.

실력

실력 means ***skill, ability or competency***. It is frequently used in expressions such as 실력이 있다/없다, 실력이 좋다, 실력을 기르다, etc.

ex A: 그 사람 한국어 실력은 어때요?
B: 한국어를 아주 잘해요. 실력이 있어요.

ex A: 어떻게 하면 대학교 입학시험에 합격할 수 있을까요?
B: 좀 더 한국어 실력을 기르세요. 그럼 합격할 수 있을 거예요.

도움이 될 겁니다

도움이 될 겁니다 means ***it will be helpful***. It is an expression indicating that a certain thing or action is expected to be helpful to others. Expressions such as 도움이 필요하다 or 도움을 주다 are also frequently used.

ex (선생님과 상담 후)
A: 수잔 씨, 어때요? 이 자료를 보고 준비하면 되겠지요?
B: 네, 감사합니다. 선생님께서 말씀해 주신 자료가 많은 도움이 되었습니다.
A: 그래요. 특히 이 자료는 대학교 입학하는 데 많은 도움이 될 겁니다.

친구를 사귀어 보세요

친구를 사귀어 보세요 means ***try to make friends***. 사귀다 means getting to know each other and becoming friends. Therefore, the expression 친구를 사귀어 보세요 is used to advise someone to make friends with others. 친구를 만들다 is not used in this case.

ex A: 수잔 씨, 한국 친구가 많이 있어요?
B: 아니요. 한 명밖에 없어요.
A: 아, 그렇군요. 그럼 동아리에 가입해서 친구를 사귀어 보세요.

Functional Expression

- **Advising someone to enjoy his/her school life**

When expressing hope for someone to enjoy his/her school life, expressions such as 즐거운 학교생활 되세요, 학교생활 즐겁게 하세요, and 학교에서도 즐겁게 지내세요 are used.

ex A: 즐거운 학교생활 되세요. /
학교생활 즐겁게 하세요. /
학교에서도 즐겁게 지내세요.
B: 감사합니다.

Script

Hello everyone! I'm Lee Yoonji, director of the Language Center. It's my great pleasure to meet you on such a beautiful sunny day. A warm and heartfelt welcome to all of you who have come to our Language Center to study Korean. Our institute has many things to boast of. In particular, we have many teachers who have taught Korean for a long time. They will work hard to teach you and will be of great help in improving your Korean language ability. Our courses include various culture classes that will give you the opportunity to experience Korean culture in person. In addition, we also offer various clubs so that you can enjoy leisure activities with your friends. So make sure you join a club and make friends with students from many different countries. I hope all of you will study hard and enjoy school with your wonderful teachers and friends. Once again, a sincere welcome to all of you. Thank you!

Answers

(1) ①

The passage is a welcome speech delivered by the director of the Language Center on the first day of classes.

(2) ③

The school has a lot of teachers who have taught Korean for a long time. However, the history of the school is not mentioned in the speech.

(3) ① 아니요　② 네

The director advised the students to make friends from different countries not through the culture classes but by joining the clubs offered by the Language Center.

Vocabulary & Expression

몇 번 모여요?

몇 번 모여요? means ***how many times do (you) meet?***. 모이다 has various meanings. One meaning indicates the accumulation of money or wealth; another meaning indicates the gathering of many people together in the one place or many people joining a group. In the case of 몇 번 모여요? the latter meaning applies.

ex A: 노래 동아리는 일주일에 몇 번 모여요?
B: 일주일에 한 번, 수요일마다 모여요.

가곡

가곡 means ***poetic song***. It refers to poems set to music in Western classical music. These songs are usually sung with piano accompaniment and take the form of songs for solo singers, ensembles and choirs.

ex A: 지금 나오는 가곡은 누가 부르는 거예요?
B: 유명한 성악가, 김민호예요. 저는 이분 독창회에도 가 봤어요.

Functional Expression

- **Asking whether one can join a club**

When asking whether it is still possible to join a campus club, such expressions as 동아리에 들어갈 수 있어요?, 동아리에 지금 들어가도 돼요?, or 동아리에 지금 가입할 수 있어요? are used.

ex A: 노래 동아리에 들어갈 수 있어요? /
노래 동아리에 지금 들어가도 돼요? /
지금 노래 동아리에 가입이 될까요? /
노래 동아리에 지금 가입할 수 있어요?
B: 물론입니다.

Dialogue

Zhang Souyi	Hello, my name is Zhang Souyi. I'm here to find out about the singing club.
Yuri	Is that right? I'm Yuri, president of the club. Nice to meet you.
Zhang Souyi	Nice to meet you, too. How many times a week does the singing club meet?
Yuri	Once a week. We meet every Wednesday. But we don't meet during examination periods.
Zhang Souyi	What kind of songs do you learn?
Yuri	The latest popular songs. Also, for a performance this semester we're now learning some easy classical poetic songs.
Zhang Souyi	Really? It sounds like fun. Can I join now?
Yuri	Of course. Welcome to the club.

Vocabulary & Expression

기타를 아주 잘 칩니다

기타를 아주 잘 칩니다 means ***to be very good at playing the guitar***. In the case of musical instruments such as the guitar, piano, organ, and drums, 치다 is used as an equivalent to the English word 'play.' In the case of sports such as golf, tennis, table tennis, or bowling, 치다 or 하다 is used to indicate 'play.'

ex A: 이치로 씨는 지금 기타를 칩니다. (○)
B: 이치로 씨는 지금 기타를 합니다. (×)

ex A: 이치로 씨는 요즘 테니스를 칩니다. (○)
B: 이치로 씨는 요즘 테니스를 합니다. (○)

멀리 사는 장소이 씨

멀리 사는 장소이 씨 means ***Zhang Souyi, who lives far away***. 멀리 is used to indicate the state of a thing or a person being far away in terms of place or time. Accordingly, the statement 멀리 사는 장소이 씨 means that Zhang Souyi lives in a place far away from a certain point.

ex A: 요코 씨, 이사했지요? 어디로 이사했어요?
B: 서울에서 멀리 떨어진 시골로 이사했어요.

Functional Expression

- **Talking about the subject matter of a piece of writing**

  When talking about the subject matter of one's writing, expressions such as N에 대해서 소개하겠습니다, N에 대해서 소개하려고 합니다, and N을 소개하겠습니다 are used.

  ex 우리 반 친구들에 대해서 소개하겠습니다. /
  우리 반 친구들에 대해서 소개하려고 합니다. /
  우리 반 친구들을 여러분에게 소개하겠습니다.

Pronunciation

Reading in chunks

When reading a long sentence, it is very important to read in chunks. This reading method involves clustering words together in meaningful units. In other words, a group of words that constitutes meaning is read together.

ex 우리 반 친구들은 / 중국, 일본, 러시아, 네덜란드, 베트남, 미국에서 / 왔습니다.

Text

My Classmates

My name is Michael. I come from the United States and am studying Korean in a Level 2 class. I'm an office worker and have been living in Korea for one year. Now, I would like to talk about my classmates.

My classmates come from countries all around the world including China, Japan, Russia, the Netherlands, Vietnam and the United States. Zhang Souyi, who is from China, is good at singing Korean pop songs and dancing. She's the best singer in the class. Ichiro comes from Japan and is a reporter working for the Japanese broadcaster NHK. He plays the guitar very well. Natasha is a housewife from Russia. Her husband is Korean, not Russian. Jan comes from the Netherlands and is studying Asian history at university. He is tall and good looking, so he is very popular among the girls in my class. Haian is from Vietnam and lives in the school dormitory. But he is late for school very often, more often than Zhang Souyi, who lives far away . For this reason, he is called "Mr. Late." My classmates and I are all studying hard and helping one another. After school, we eat or do our homework together. That's why I like my classmates. Thanks to them, I am really enjoying school.

Answers

(1) ① 아니요　② 네　③ 아니요

The person who is very popular among the classmates is Jan, not Ichiro. Haian is living in the school dormitory, but is often late for school.

(2) ②

Jan is a tall and good-looking man. He is studying Asian History at university in the Netherlands. However, the passage does not mention whether he likes Korean pop music or not.

(3) ① 장소이　② 나타샤　③ 얀　④ 이치로　⑤ 하이안

The answer to No. 1 is Zhang Souyi because she sings very well.
The answer to No. 2 is Natasha because she is married to a Korean man and because the woman is talking on the phone.
The answer to No. 3 is Jan because he is very popular among the girls in the class.
The answer to No. 4 is Ichiro because he plays the guitar very well.
The answer to No. 5 is Haian because he is often late for class.

Vocabulary Check

▶ **Tick off the words and expressions that you know.**

동아리 Clubs

- ☐ 가입 신청서를 쓰다 — to fill out a membership application
- ☐ 동아리 회장이 되다 — to become president of a club
- ☐ 동아리를 바꾸다 — to transfer to another student organization
- ☐ 동아리에 가입하다 — to join a student organization
- ☐ 동아리에 들어가다 — to join a student organization
- ☐ 동아리에서 나오다 — to leave a student organization
- ☐ 신입 회원이 되다 — to become a new member of a club
- ☐ 회원을 모으다 — to recruit members
- ☐ 회원을 모집하다 — to recruit members
- ☐ 회원이 많다 — to have a large membership

동아리 활동 Club Activities

- ☐ 모임 시간을 알리다 — to notify the time of a meeting
- ☐ 모임이 있다 — to have a meeting
- ☐ 악기를 연주하다 — to play a musical instrument
- ☐ 연극 공연을 하다 — to put on a play
- ☐ 운동 경기를 하다 — to hold a (sporting) match
- ☐ 유명한 음식을 먹다 — to eat famous foods
- ☐ 전시회를 열다 — to hold an exhibition
- ☐ 춤을 추다 — to dance
- ☐ 취미 활동을 하다 — to have a hobby
- ☐ 토론회를 하다 — to hold a debate
- ☐ 한국 문화를 경험하다 — to experience Korean culture

첫 만남 First Meeting

- ☐ 국적을 말하다 — to tell one's nationality
- ☐ 나이를 묻다 — to ask one's age
- ☐ 많이 본 얼굴이다 — to look familar
- ☐ 서로 잘 모르다 — to not know each other well
- ☐ 얼굴만 알다 — to only know someone by sight
- ☐ 이름도 모르다 — to not even know one's name
- ☐ 인사를 나누다 — to exchange greetings
- ☐ 자기소개를 하다 — to introduce oneself
- ☐ 전화번호를 교환하다 — to exchange phone numbers
- ☐ 직업을 묻다 — to ask one's occupation
- ☐ 처음 만나다 — to meet someone for the first time
- ☐ 처음 본 사람이다 — I've never seen him/her before
- ☐ 첫 만남이 기대되다 — to look forward to the first meeting
- ☐ 첫인상이 나쁘다 — to have a bad first impression
- ☐ 첫인상이 좋다 — to have a good first impression
- ☐ 첫인상이 중요하다 — the first impression is important
- ☐ 호감이 가다 — to be interested in someone
- ☐ 환영하다 — to welcome someone or something

PART1 준비합시다 01 • -지만

p.38

Grammar Focus

-지만 is attached to an adjective or a verb to contrast or differentiate between the content of the previous clause and that of the following clause. Whether the stem of the adjective or verb ends in a consonant or a vowel, -지만 maintains the same form. In the case of the past tense form, -았지만 is used if the last vowel of the word stem is ㅏ or ㅗ, while -었지만 is used with all the other vowels.

Basic form	-지만	-았/었지만
예쁘다	예쁘지만	예뻤지만
많다	많지만	많았지만
어렵다	어렵지만	어려웠지만
가다	가지만	갔지만
먹다	먹지만	먹었지만
열다	열지만	열었지만
듣다	듣지만	들었지만
주부(이)다	주부(이)지만	주부였지만
학생이다	학생이지만	학생이었지만

ex A: 그 식당은 어때요?
B: 분위기는 좋지만 음식 값은 조금 비싸요.

ex A: 요코 씨는 운동도 잘하고 공부도 잘하지요?
B: 아니요. 저는 운동은 잘하지만 공부는 별로예요.

ex A: 수진 씨와 영민 씨는 매운 음식을 잘 먹어요?
B: 수진 씨는 잘 먹지만 영민 씨는 잘 못 먹어요.

ex A: 제주도 여행은 잘 다녀왔어요?
B: 네. 많이 걸어서 힘들었지만 아주 좋았어요.

ex A: 미셸 씨는 회사원이에요?
B: 아니요. 작년에는 회사원이었지만 지금은 아니에요.

Answers

① A: 한복은 어때요?
B: 예쁘지만 불편해요.

② A: KTX는 어때요?
B: 빠르지만 요금이 비싸요.

③ A: 학생 식당 음식은 어때요?
B: 싸고 맛있지만 종류가 다양하지 않아요.

④ A: 학교 앞 하숙집은 어때요?
B: 아주머니가 친절하지만 방이 좁아요.

⑤ A: 어제 구경한 가방은 어때요?
B: 디자인이 멋있었지만 색깔이 마음에 들지 않았어요.

Grammar Focus

에 비해(서) is attached to a noun that is presented as the criteria of comparison for the subject. It is used whether the noun ends in a consonant or a vowel. It can be used interchangeably with 에 비하면 or 에 비하여.

ex A: 어제 산 노트북은 어때요?
B: 크기에 비해서 무거워요.

ex A: 이 구두는 잘 팔리지요?
B: 네, 가격에 비해서 품질이 좋아요

ex A: 태국의 여름 날씨는 덥지요?
B: 네, 한국의 여름 날씨에 비해서 더워요.
(= 한국의 여름 날씨에 비하면)
(= 한국의 여름 날씨에 비하여)

Focus Plus

- N에 비해서 can sometimes be replaced with N보다(See 「이화 한국어 1-2」 Chapter 8, p.25), but not when N에 비해서 evaluates the subject according to the noun as the criteria. When the object of comparison is non-specific only 보다 can be used.

ex 우리 반은 다른 반에 비해서 분위기가 좋아요. (○)
우리 반은 다른 반보다 분위기가 좋아요. (○)

ex 그 식당은 가격에 비해서 양이 많아요. (○)
그 식당은 가격보다 양이 많아요. (×)

ex 그 사람은 키에 비해서 몸무게가 많이 나가요. (○)
그 사람은 키보다 몸무게가 많이 나가요. (×)

ex 그 드라마는 인기에 비해서 재미없어요. (○)
그 드라마는 인기보다 재미없어요. (×)

ex 그는 누구보다 빨리 달릴 수 있어요. (○)
그는 누구에 비해 빨리 달릴 수 있어요. (×)

Answers

① A: 올해 여름 날씨는 더워요?
B: 네, 작년 여름에 비해서 더워요.

② A: 새로 산 MP3 가격은 싸요?
B: 네, 성능에 비해서 싸요.

③ A: 한준영 씨의 아들 키는 커요?
B: 네, 나이에 비해서 커요.

④ A: 이번 달 환율은 올랐어요?
B: 네, 지난 달에 비해서 올랐어요.

⑤ A: 어제 본 영화는 재미있었어요?
B: 네, 원작에 비해서 재미있었어요.

Grammar Focus

–아/어 드릴까요 is used to politely ask a person if he/she would like help in doing something. It is attached only to a verb, and –아 드릴까요 is used if the last vowel of the verb stem is ㅏ or ㅗ, while –어 드릴까요 is used with all the other vowels.

Basic form	–아/어 드릴까요	Basic form	–아/어 드릴까요
사다	사 드릴까요	알리다	알려 드릴까요
보다	봐 드릴까요	받다	받아 드릴까요
쓰다	써 드릴까요	만들다	만들어 드릴까요
하다	해 드릴까요	돕다	도와 드릴까요

ex A: 연필을 빌려 드릴까요?
B: 네, 잠깐만 빌려 주세요.

ex A: 한국 명절에 대해서 이야기해 드릴까요?
B: 네, 좀 이야기해 주세요.

ex A: 제가 사진을 찍어 드릴까요?
B: 네, 좀 찍어 주세요. 고맙습니다.

ex A: 손님, 뭘 도와 드릴까요?
B: 화장실 위치 좀 알려 주세요.

Focus Plus

- If the other person is not older or superior, you can use –아/어 줄까요? (See 『이화 한국어 1-2』 Chapter 13, p. 99) instead of –아/어 드릴까요.

ex A: (친구에게) 좀 도와줄까요?
B: 네, 고마워요.

ex A: (선생님이 학생에게) 다시 설명해 줄까요?
B: 네, 다시 해 주세요.

- When you express your will to help the other person –아/어 드리겠습니다, or –아/어 드릴게요 is used. These are also used to respond to another person's request for help.

ex A: 제가 가방을 들어 드리겠습니다.
B: 네, 감사합니다.

ex A: 죄송하지만 문을 좀 닫아 주세요.
B: 네, 닫아 드릴게요.

Answers

① A: 마이클 씨, 한국 친구를 좀 소개해 드릴까요?
B: 네, 좀 소개해 주세요.

② A: 장소이 씨, 문을 좀 닫아 드릴까요?
B: 네, 좀 닫아 주세요.

③ A: 왕카이 씨, 텔레비전을 좀 꺼 드릴까요?
B: 네, 좀 꺼 주세요.

④ A: 프랑크 씨, 숙제를 좀 도와 드릴까요?
B: 네, 좀 도와주세요.

Vocabulary & Expression

잘 못 알아듣겠어요

잘 못 알아듣겠어요 means ***(I) can't understand it very well***. It is used when you hear something but cannot understand what it means. 잘 못 V is to not do something very well, whereas 잘못 V is to do something wrong.

ex A: 제가 하는 말이 잘 들려요?
B: 아니요. 크게 말해 주세요. 잘 못 알아듣겠어요.

ex A: 여보세요. 거기 나타샤 씨 집이지요?
B: 아니에요. 여기는 음식점이에요. 전화를 잘못 거셨어요.

꾸준히

꾸준히 means ***steadily***. It means to do something diligently and patiently.

ex A: 영민 씨, 수영을 아주 잘하는군요.
B: 지난 일 년 동안 매일 꾸준히 연습했어요.

한국 친구를 만날 기회가 없어요

한국 친구를 만날 기회가 없어요 means ***(I) don't have the chance to meet Korean friends***. This expression indicates that you have no opportunities to meet or talk with Korean friends. To say that there is no opportunity/chance, –(으)ㄹ 기회가 있다/없다 is used.

ex A: 리처드 씨의 가족 만났어요?
B: 아니요. 그분 가족은 미국에 있어서 만날 기회가 없었어요.

ex A: 티엔 씨, 한국에서 아르바이트를 해 봤어요?
B: 아니요. 한국어를 잘 못해서 아르바이트를 할 기회가 없었어요.

거의

거의 means ***almost***. It is used to express a degree that is close to the limit. It can be used in front of a verb or as a subject or object alone. It is used in combination with 다, which means 모두, in the form of 거의 다.

ex A: 여보세요. 티엔 씨, 지금 어디예요?
B: 조금만 기다려 주세요. 학교에 거의 다 왔어요.

ex A: 우리 반 학생들은 어디에서 살아요?
B: 아홉 명은 기숙사에서 살고 한 명만 하숙집에서 살아요. 거의 다 기숙사에서 살아요.

Functional Expression

- **Requesting a conversation**

When you ask someone to have a talk with you, you can say 잠깐 이야기할 수 있어요?, 지금 이야기할 시간이 있어요?, 잠시 이야기 좀 해도 돼요?, etc.

ex A: 잠깐 이야기할 수 있어요? /
혹시 지금 이야기할 시간이 있어요? /
죄송하지만 잠시 이야기 좀 해도 돼요?
B: 네, 괜찮아요. 말씀하세요.

Script

Zhang Souyi	Teacher, can I speak to you for a minute?
Teacher	Yes, Zhang Souyi. Is something bothering you? Are you having a hard time at school?
Zhang Souyi	No, school is fun, but learning Korean is a bit difficult.
Teacher	Is it? What do you find most difficult?
Zhang Souyi	The listening is harder than anything else. I can understand you in class pretty well, but it's difficult to understand other people.
Teacher	Really? It's probably because I speak a little slowly.
Zhang Souyi	How should I study listening?
Teacher	You should keep listening to the CD that comes with the textbook and practice writing down what you hear. And try to hang out with Korean friends as much as possible rather than always studying by yourself.
Zhang Souyi	I would love to, but I rarely have the chance to meet Korean friends.
Teacher	Really? Would you like me to introduce you to someone?
Zhang Souyi	Yes, please. Thank you, teacher.

Answers

(1) ③
The teacher and Zhang Souyi are talking about how to study Korean listening.

(2) ①
Zhang Souyi is worried because she finds listening more difficult than anything else.

(3) ②, ⑤
The teacher advised her on two ways to study listening. The first one is to meet a lot of Korean friends. The second one is to listen to the Korean language CD and practice writing down what she hears.

p.42

Vocabulary & Expression

아는 사람이 별로 없어서

아는 사람이 별로 없어서 means ***since (I) don't know many people***. 별로 is usually used with negative words such as 안, 못, 없다, –지 않다, –지 못하다 etc.

ex A: 한국 생활이 어때요?
B: 처음에는 아는 사람이 별로 없어서 심심했지만 지금은 친구를 많이 사귀어서 재미있어요.

ex A: 어제 본 영화는 어땠어요?
B: 별로 재미없었어요.

Functional Expression

- **Explaining a location in detail**

When you need to explain the location of a place in an accurate and detailed way, you can explain using either public transportation such as subway stations or bus stops, or buildings that people can easily find. You can use expressions such as 근처, 앞, 뒤, 옆, 사이, 건너편, 왼쪽, 오른쪽.

ex A: 그 식당 위치가 정확히 어디예요?
B: 이대역 2번 출구 바로 앞이에요. /
이화 문구점과 신촌 극장 사이에 있어요. /
서울병원 버스 정류장에서 길을 건너면 왼쪽에 있어요. /
이화여자대학교 정문에서 오른쪽으로 50m쯤 가면 있어요.

Dialogue

Michelle	Natasha, is life in Korea fun?
Natasha	Yes, I'm much more used to it compared to when I first got here. How's your life in Korea, Michelle?
Michelle	It's a little dull since I don't really know many people.
Natasha	It's probably because you haven't been here for long. How about learning something you're interested in?
Michelle	I wanted to learn the fan dance but I don't know where. Do you know where I can learn it?
Natasha	They have fan dance lessons at the culture center in the shopping mall near school. You should go register there.
Michelle	Really? Where is it exactly?
Natasha	It's near the Shinchon subway station. Do you want me to give you the phone number?
Michelle	Yes, please. Thank you.

Grammar Focus

-(으)ㄹ 때 is used to indicate the duration or time when a certain state or action continues. It is also used to indicate the occasion when one performs a certain action. It is attached to an adjective or verb, and if the stem of the adjective or verb ends in a consonant -을 때 is used, while -ㄹ 때 is used if it ends in the consonant ㄹ or a vowel.

Basic form	-(으)ㄹ 때	Basic form	-(으)ㄹ 때
바쁘다	바쁠 때	자다	잘 때
작다	작을 때	먹다	먹을 때
어렵다	어려울 때	듣다	들을 때
멀다	멀 때	주부(이)다	주부일 때
그렇다	그럴 때	학생이다	학생일 때

ex A: 머리가 아플 때 어떻게 하는 게 좋을까요?
B: 약을 먹고 푹 쉬어 보세요.

ex A: 언제 기분이 좋아요?
B: 저는 선생님께 칭찬을 받을 때 기분이 좋아요.

ex A: 시간이 있을 때 보통 뭐 해요?
B: 저는 책을 읽어요.

ex A: 학생증을 만들 때 뭐가 필요해요?
B: 사진이 필요해요.

ex A: 영화관에서 영화를 볼 때 휴대 전화를 사용하지 마세요.
B: 네, 알겠습니다.

Focus Plus

- 때 is used behind certain nouns that are related to age or time. However, it is not used with nouns such as 아침, 점심, 저녁, 밤, 오전, 오후.

ex A: 언제 자전거를 처음 탔어요?
B: 저는 여섯 살 때 처음 탔어요.

ex 저는 보통 아침에 자전거를 타요. (○)
저는 보통 아침 때 자전거를 타요. (×)

Answers

① 다른 사람과 식사할 때 코를 풀면 실례가 됩니다.
② 상갓집을 방문할 때 보통 검정 옷을 입습니다.
③ 지하철을 탈 때 사람들이 먼저 내린 후에 타세요.
④ 전화를 끊을 때 다른 사람의 이야기가 끝난 후에 끊으세요.
⑤ 어른과 술을 마실 때 고개를 옆으로 돌리고 마셔야 합니다.

Grammar Focus

-았/었을 때 is used to indicate a certain time in the past when a certain action was performed or an incident took place, or to indicate a period of time when a certain state continued for a while. It is attached to an adjective or a verb, and -았을 때 is used if the last vowel of the stem of the adjective or verb is ㅏ or ㅗ, while -었을 때 is used with all the other vowels.

Basic form	-았/었을 때	Basic form	-았/었을 때
크다	컸을 때	가다	갔을 때
좋다	좋았을 때	먹다	먹었을 때
어렵다	어려웠을 때	열다	열었을 때
주부(이)다	주부였을 때	묻다	물었을 때
학생이다	학생이었을 때	돕다	도왔을 때

ex A: 계속 서울에서 살았어요?
B: 아니요. 어렸을 때는 인천에서 살았어요.

ex A: 부산에 갔을 때 어디에서 묵었어요?
B: 부산에 사는 친구가 있어서 친구 집에서 묵었어요.

ex A: 장소이 씨는 여행을 자주 가요?
B: 아니요. 그렇지만 한국에 유학 갔을 때 여행을 많이 다녔어요.

ex A: 김치찌개를 처음 먹었을 때 맛이 어땠어요?
B: 조금 매웠지만 맛있었어요.

Focus Plus

- When N(이)다 and -았/었을 때 are combined to indicate the period of time a certain state continued, you can use -일 때 instead.

  ex 학생이었을 때는 부모님께 용돈을 받았어요. (○)
  학생일 때는 부모님께 용돈을 받았어요. (○)

Answers

① A: 장학금을 받았을 때 기분이 어땠어요?
B: 그때는 아주 기뻤어요.

② A: 컴퓨터가 고장이 났을 때 기분이 어땠어요?
B: 그때는 짜증이 났어요.

③ A: 남자 친구와 헤어졌을 때 기분이 어땠어요?
B: 그때는 슬펐어요.

④ A: 한국어 발음이 틀렸을 때 기분이 어땠어요?
B: 그때는 창피했어요.

⑤ A: 지난번 도둑이 들었을 때 기분이 어땠어요?
B: 그때는 무서웠어요.

Vocabulary & Expression

정도

정도 means ***approximately, around***. It comes behind a word representing an amount and indicates around that amount. It can be replaced with 쯤.

ex A: 이대역에서 명동까지 버스로 가면 시간이 얼마나 걸려요?
B: 20분 정도 걸려요.
(= 20분쯤)

ex A: 오늘 집에 손님이 몇 명 정도 와요?
B: 8명 정도 올 거예요.
(= 8명쯤)

지난번

지난번 means ***last time***. It indicates a turn or time that passed before the time of the conversation.

ex A: 지난번 동아리 모임에서 뭐 했어요?
B: 한국 영화 '좋은 친구들'을 봤어요.

ex A: 이치로 씨, 이 식당에 처음 왔지요?
B: 아니요. 지난번에 친구 송별회를 할 때 왔어요.

표를 살 필요가 없어요

표를 살 필요가 없어요 means ***(you) don't need to buy a ticket***. –(으)ㄹ 필요가 없다 can be replaced with –지 않아도 되다.

ex A: 수진 씨도 지하철 표를 사야 해요?
B: 아니요. 저는 교통 카드가 있어서 표를 살 필요가 없어요.

ex A: 여보세요. 오늘부터 거기에서 태권도를 배우려고 해요. 그런데 태권도복을 가져가야 돼요?
B: 아니요. 가져오실 필요가 없어요. 여기 오시면 다 있습니다.

ex A: 이대역에서 신촌극장까지 멀어요? 버스를 타야 돼요?
B: 아니요. 버스를 탈 필요가 없어요. 가까우니까 걸어서 가세요.

현금

현금 means ***cash***. It refers to bills and coins issued by a government or central bank. The word can be used interchangeably with 현찰.

ex A: 지금 제가 현금이 없어요. 카드로 계산해도 돼요?
B: 그럼요. 카드도 괜찮아요.

ex A: 마이클 씨, 지금 어디에 가요?
B: 현금을 찾으려고 은행에 가요.

Functional Expression

- **Telling someone how to get to his/her destination**

  When you talk about modes of transportation to a certain destination, you can say N을/를 타세요, or N(으)로 가세요. When you transfer to another form or line of transportation, you can say N(으)로 갈아타세요.

  ex A: 시청에서 명동까지 어떻게 가요?
  B: 시청역에서 지하철을 타세요. /
  10분 거리예요. 그냥 걸어서 가세요. /
  버스로 가세요. 시청 앞에 700번 버스가 있어요. /
  시청역에서 서울역까지 지하철로 가고 거기에서 버스로 갈아타세요.

Script

Zhang Souyi	Hyeonmi, when I go from Ewha station to Apgujeong-dong, should I transfer to line number 3 at Euljiro 3-ga station?
Park Hyeonmi	Yes, that's right.
Zhang Souyi	It takes about 40 minutes from Ewha station to Apgujeong-dong, doesn't it?
Park Hyeonmi	Yes. About that long. But, Zhang Souyi, why don't you take a bus from Ewha station to Gyeongbokgung station and then transfer to subway line number 3 there? It was faster when I went that way last time.
Zhang Souyi	Really? Then I'll try that way today.
Park Hyeonmi	But do you have a public transportation card?
Zhang Souyi	No, do I need one?
Park Hyeonmi	If you have one, you don't need to buy a ticket again when you transfer and it's cheaper than paying cash.
Zhang Souyi	Really? Where can I buy a card?
Park Hyeonmi	At any convenience store or bank.
Zhang Souyi	I see. Thanks Hyeonmi.

Answers

(1) ②

Zhang Souyi is going to take the bus from Ewha station to Gyeongbokgung station and transfer to subway line number 3 at Gyeongbokgung station.

(2) ②, ③

With a public transportation card, you don't have to buy a ticket again when you transfer. Moreover, fares are cheaper using the card than when buying tickets with cash.

(3) ① 네 ② 네 ③ 아니요

You can buy transportation cards at a bank or a convenience store, not at a bus stop.

쓰레기 버리는 방법에 대해 알려 주기

p.48

Vocabulary & Expression

언제든지 물어보세요

언제든지 물어보세요 means ***ask (me) anytime***. This expression means that the other person can ask questions without hesitation. 언제든지 means 'anytime'.

ex A: 선생님, 수업 시간에 모르는 게 있으면 질문해도 돼요?
B: 네, 궁금한 게 있으면 언제든지 물어보세요.

ex A: 슈퍼마켓이 문을 닫았어요. 어디에서 음료수를 살 수 있어요?
B: 학교 앞 편의점에서 언제든지 살 수 있어요.

ex A: 주말에 전화로 이야기하고 싶어요. 언제 통화할 수 있어요?
B: 아침 10시 이후에는 언제든지 괜찮아요.

Functional Expression

- **Explaining how to dispose of garbage**

When you respond to a question about throwing out the garbage, you can use expressions such as N은/는 N에 버려야 돼요, N은/는 N에 따로 버리세요 etc.

ex A: 신문은 어떻게 버려요?
B: 신문은 종이와 같이 저기에 있는 쓰레기통에 버려야 돼요. /
신문은 다른 쓰레기와 같이 버리면 안 돼요. 따로 버리세요. /
신문은 버리는 쓰레기통이 따로 있어요. 거기에 버려야 해요.

Dialogue

Sophie	Eunju, I came here to ask you something.
Eunju	Yes, Sophie. Come in. What is it?
Sophie	I don't know how to deal with the garbage. How do I throw out food waste?
Eunju	You can throw food waste in the food garbage can in front of the apartment.
Sophie	Then where do I throw out the other garbage?
Eunju	There are garbage collection cans near the food garbage can. But you have to use a specified garbage bag.
Sophie	Where can I buy those garbage bags?
Eunju	They sell them at the supermarket across from the dry cleaner or at the convenience store next to the Internet cafe. But when I went to the supermarket yesterday, they were sold out.
Sophie	Really? Then I'll call the store before I go.
Eunju	You should do that. If there's anything else you want to know, feel free to ask me anytime.

p.50

Vocabulary & Expression

사실

사실 means ***in fact***, ***in effect***, ***in reality***. It is used to reveal the truth about something that has not been known. 사실은 and 실은 can also be used in a similar way.

ex A: 미셸 씨 공책이 제 것과 똑같아요.
B: 사실 제가 어제 요코 씨 공책을 보고 똑같은 걸로 샀어요.

ex A: 왜 그렇게 조금 먹어요? 맛이 없어요?
B: 아니에요. 실은 요즘 다이어트를 하고 있어요.

시간 괜찮으실 때

시간 괜찮으실 때 means ***when time allows/permits***. It is an expression indicating 'when you have time' (to do something). 괜찮다 is used to indicate that there is no problem or cause for concern or that one does not care/mind (about something).

ex A: 시간 괜찮으실 때 같이 식사해요.
B: 네, 좋아요.

ex A: 건강은 좀 괜찮으세요?
B: 네, 괜찮아요. 이제 아프지 않아요.

참

참 means ***ah, oh, I forgot***. It is an exclamation with no particular meaning. It is used when something forgotten suddenly comes to mind.

ex A: 참, 주말에 약속이 있어요?
B: 없어요. 갑자기 왜요?

ex A: 참, 숙제는 했어요?
B: 그럼요. 어젯밤에 다 했어요.

Writing Tip

보낸 사람	phj@ewha.ac.kr
받는 사람	soy@hitmail.com
제목	

안녕하세요? 장소이 씨.
김 선생님께 소개 받은 박희준이라고 해요. 어제 장소이 씨가 전화했을 때 제가 아르바이트를 하고 있어서 전화를 못 받았어요. 오늘 아침에 몇 번 전화 드렸지만 안 받으셔서 메일을 보냅니다.
우리 언제 만나면 좋을까요? 저는 월요일부터 금요일은 오전 9시부터 1시까지 수업이 있어요. 수요일, 금요일에는 오후에 아르바이트가 있고요. 월요일, 화요일, 목요일 1시부터는 언제든지 괜찮아요. 그런데 사실 월요일에 비해서 화요일이나 목요일이 좋아요. 시간 괜찮으실 때 저에게 전화해 주세요.

박희준 올림

추신 : 참, 김 선생님께 들었어요. 장소이 씨, 한국 영화나 노래를 좋아하지요? 한국 노래나 영화로 공부하면 재미있을 거예요. 저에게 한국 영화 DVD가 많이 있어요. 원하시면 빌려 드릴게요. *^^* 연락해 주세요.

Writing an email

Usually the first greeting is 안녕하세요?, 잘 지내세요?, etc.

The closing greeting is usually 안녕히 계세요, 잘 지내세요, 즐거운 하루 보내세요, 또 연락할게요, etc.

When the sender writes his/her name, respect for the recipient is expressed by writing 올림 or 드림 behind the name. If the recipient is not older or superior, the sender can put 이/가 behind the name.

If you forgot to write something or want to add something in the postscript, you can add it under 추신. These basic rules are also applicable to letters. However, letters are usually written in a more formal way.

Pronunciation

Liaison

When the final consonant of the previous word is connected to the beginning sound of a following word that begins with a vowel, the consonant and the vowel are pronounced together as one syllable. This is called 'liaison'.

ex 받은[바든], 전화했을 때[전화해쓸때], 있어서[이써서], 받았어요[바다써요], 아침에[아치메], 받으셔서[바드셔서], 메일을[메이를], 괜찮으실[괜차느실]

Text

How are you, Ms. Zhang Souyi?

This is Park Heejun. I was introduced to you by Mr. Kim. When you called yesterday, I was working part-time and couldn't answer your call. I tried to call you a few times this morning, but you did not answer and therefore I am sending you this email.

When do you think we should meet? I have classes from 9 am to 1 pm Mondays through Fridays. I work part-time on Friday afternoons. I am available anytime after 1 pm on Mondays, Tuesdays, and Thursdays. However, I actually prefer Tuesdays or Thursdays to Mondays. Call me whenever you have time.

Sincerely,

Park Heejun

P.S.: By the way, I heard from Mr. Kim that you like Korean movies and songs. Is that right? It will be fun if we study Korean movies or songs. I have lots of Korean movies on DVD. I can lend them to you if you want. Please contact me when you have time.

Answers

(1) ③

Two people are exchanging emails for the first time. Therefore the greeting ③ is most appropriate.

(2) ① 네 ② 네 ③ 아니요

Park Heejun made a few calls to Zhang Souyi in the morning, but Zhang Souyi did not answer. To contact Park Heejun, Zhang Souyi should give him a call rather than send an email.

(3) 화요일이나 목요일 1시 이후에 만나는 게 좋다.

월	화	수	목	금	토	일
9:00–13:00 수업						
		오후 아르바이트		오후 아르바이트		

Vocabulary Check

▶ **Tick off the words and expressions that you know.**

편의시설	Facilities
☐ PC방	internet cafe
☐ 공원	park
☐ 꽃집	flower shop
☐ 대중목욕탕	public bath
☐ 문구점	stationery store
☐ 사진관	photo studio
☐ 세탁소	laundromat, dry cleaner's
☐ 시장	market
☐ 안경점	eyeglass shop
☐ 주유소	gas station
☐ 체육관	gym

카드 종류와 사용	Type and Use of Cards
☐ 교통 카드	transportation card
☐ 단말기에 찍다	to swipe the card in the machine
☐ 서명하다	to sign, to write one's signature
☐ 신용 카드	credit card
☐ 은행 카드	bank card
☐ 전화 카드	phone card
☐ 카드로 계산하다	to pay with a credit card
☐ 카드를 내다	to pay with a credit card
☐ 카드를 사용하다	to use a card
☐ 포인트 카드	point/mileage card
☐ 포인트가 쌓이다	to collect (earn/save up) points
☐ 포인트를 쓰다	to use points
☐ 현금 카드	debit card

쓰레기 종류와 처리 방법	Types of Waste and How to Sort Them
☐ 병류	bottles
☐ 쓰레기봉투를 사다	to buy a garbage bag
☐ 쓰레기봉투에 넣다	to put (something) into a garbage bag
☐ 쓰레기통에 버리다	to throw something into a garbage (trash) can
☐ 음식물 쓰레기	food waste
☐ 종이류	paper
☐ 종이를 따로 버리다	to throw away paper separately
☐ 캔류	cans
☐ 휴지통에 휴지를 버리다	to throw waste paper into a garbage (trash) can

공부 방법	Study Methods
☐ 단어를 외우다	to memorize vocabulary
☐ 문장을 만들다	to construct (make) a sentence
☐ 받아쓰다	to dictate
☐ 발음을 연습하다	to practice pronunciation
☐ 복습하다	to review
☐ 예습하다	to preview
☐ 필기하다	to take notes
☐ 한국어 CD를 듣다	to listen to a Korean language practice CD

PART1 준비합시다 01 • –(으)시겠습니까

p.56

Grammar Focus

–(으)시겠습니까 is used to politely ask another person's intention. It is the compound of the honorific form of the verb and –겠습니까 and is a formal and polite expression. It is attached to a verb. If the verb stem ends in a consonant –으시겠습니까 is used, while –시겠습니까 is used if it ends in the consonant ㄹ or a vowel. Be careful to use the honorific form properly.

Basic form	–(으)시겠습니까	Basic form	–(으)시겠습니까
가다	가시겠습니까	자다	주무시겠습니까
읽다	읽으시겠습니까	먹다, 마시다	드시겠습니까, 잡수시겠습니까
만들다	만드시겠습니까	있다	계시겠습니까
듣다	들으시겠습니까	말하다	말씀하시겠습니까

ex A: 여기에 앉으시겠습니까?
B: 네, 감사합니다.

ex A: 비빔밥을 드시겠습니까?
B: 네, 좋습니다.

ex 무엇을 드시겠습니까? (○)
무엇을 마시시겠습니까? (×)

ex 어디에서 주무시겠습니까? (○)
어디에서 자시겠습니까? (×)

Focus Plus

- 계시다 and 있으시다 are both honorific forms of 있다. They are used differently depending on meaning. 계시다 is used to indicate that a person remains where he/she has been. And 있으시다 is used to indicate that a person possesses a certain object or that a person has a certain qualification or ability.

ex 여기에 계시겠습니까? (○)
여기에 있으시겠습니까? (×)

ex 궁금한 점이 있으시면 알려 주세요. (○)
궁금한 점이 계시면 알려 주세요. (×)

Answers

① A: 손님, 지금 주문하시겠습니까? 이따가 주문하시겠습니까?
B: 이따가 주문할게요.

② A: 손님, 스테이크 요리를 드시겠습니까? 생선 요리를 드시겠습니까?
B: 생선 요리를 먹을게요.

③ A: 손님, 맥주를 시키시겠습니까? 포도주를 시키시겠습니까?
B: 맥주를 시킬게요.

④ A: 손님, 커피를 드시겠습니까? 홍차를 드시겠습니까?
B: 커피를 마실게요.

⑤ A: 손님, 현금으로 내시겠습니까? 카드로 내시겠습니까?
B: 카드로 낼게요.

p.57

Grammar Focus

때문에 is used to show the cause or reason of a certain situation. It is attached to a noun, and whether the noun ends in a consonant or a vowel, it maintains the same form. It is not used in an imperative sentence or a propositive sentence.

ex A: 부산 구경을 잘 했어요?
B: 아니요. 비 때문에 구경을 거의 못했어요.

ex A: 이번 모임에 왜 못 와요? 무슨 일 있어요?
B: 네. 출장 때문에 못 가요. 다음에 갈게요.

ex 아이 때문에 모임에 갈 수 없어요. (○)
아이 때문에 모임에 가지 마세요. (×)

ex 내일 있을 시험 때문에 다음 주에 만나는 게 좋겠어요. (○)
내일 있을 시험 때문에 다음 주에 만납시다. (×)

Focus Plus

- 때문에 is used in either N 때문이다 or N 때문이 아니다.

ex A: 나 때문에 화가 난 거예요?
B: 아니요. 내가 지금 화가 난 건 이치로 씨 때문이 아니에요. 바로 제 자신 때문이에요.

ex A: 회사 일 때문에 일본에 가는 거지요?
B: 아니요. 회사 일 때문이 아니고 친구 결혼식 때문이에요.

- N이기 때문에 is the combination of a noun and the predicate ending 이다, indicating that a certain state or existence is the reason for something. However, N 때문에 is used to show that the noun itself is the reason.

ex A: 한국말을 할 수 있어요?
B: 저는 외국인이기 때문에 한국말을 잘 못해요. (○)
(= 저는 외국인이에요. 그래서 한국말을 잘 못해요)
저는 외국인 때문에 한국말을 잘 못해요. (×)

Answers

① A: 왜 약을 먹어요?
B: 두통 때문에 먹어요.

② A: 왜 길이 막혀요?
B: 지하철 공사 때문에 막혀요.

③ A: 왜 한국어를 배워요?
B: 한국 남자 친구 때문에 배워요.

④ A: 왜 요즘 도서관에 자주 가요?
B: 다음 주에 있을 시험 때문에 가요.

⑤ A: 왜 여행을 못 갔어요?
B: 장마 때문에 못 갔어요.

Grammar Focus

–기 때문에 is used to describe the cause or reason for something. It is attached to an adjective or verb, and whether the stem of the adjective or verb ends in a consonant or a vowel, it maintains the same form. –았/었기 때문에 is the past tense form. It is not used in either an imperative sentence or a propositive sentence.

Basic form	–기 때문에	–았/었기 때문에	Basic form	–기 때문에	–았/었기 때문에
크다	크기 때문에	컸기 때문에	먹다	먹기 때문에	먹었기 때문에
많다	많기 때문에	많았기 때문에	살다	살기 때문에	살았기 때문에
춥다	춥기 때문에	추웠기 때문에	돕다	돕기 때문에	도왔기 때문에
가다	가기 때문에	갔기 때문에	듣다	듣기 때문에	들었기 때문에

ex 내일은 수업이 없기 때문에 학교에 오지 마세요. (×)
내일은 수업이 없으니까 학교에 오지 마세요. (○)
(See「이화 한국어 2–1」Chapter 5, p.100)
요즘 날씨가 나쁘기 때문에 밖에 나가지 맙시다. (×)
요즘 날씨가 나쁘니까 밖에 나가지 맙시다. (○)
(See「이화 한국어 2–1」Chapter 5, p.100)

ex A: 어제 모임에 왜 안 왔어요?
B: 가고 싶었지만 집안 일이 너무 많았기 때문에 갈 수 없었어요.

Focus Plus

- –아/어서 is another expression that indicates a reason just like –기 때문에. However, –아/어서 is not used with –았/었– and –기 때문에 can be used with –았/었–. (See「이화 한국어 1–2」Chapter 10, p.56)

ex A: 어제 왜 학교에 안 왔어요?
B: 배가 아팠기 때문에 (○) 학교에 못 왔어요.
(= 배가 아파서(아팠어서 (×)) 학교에 못 왔어요)

Answers

① A: 장소이 씨, 보통 어디에서 점심을 먹어요?
B: 보통 분식집에서 먹어요.
A: 왜 거기에 자주 가요?
B: 메뉴가 다양하기 때문에 자주 가요.

② A: 이치로 씨, 보통 어디에서 식사를 해요?
B: 보통 중국집에서 식사해요.
A: 왜 거기에 자주 가요?
B: 양도 많고 맛있기 때문에 자주 가요.

③ A: 왕카이 씨, 보통 어디에서 점심을 먹어요?
B: 보통 학생 식당에서 먹어요.
A: 왜 거기에 자주 가요?
B: 싸고 깨끗하기 때문에 자주 가요.

④ A: 미셸 씨, 보통 어디에서 저녁을 먹어요?
B: 보통 이탈리아 식당에서 먹어요.
A: 왜 거기에 자주 가요?
B: 스파게티를 좋아하기 때문에 자주 가요.

⑤ A: 마이클 씨, 보통 어디에서 외식을 해요?
B: 보통 패밀리 레스토랑에서 외식해요.
A: 왜 거기에 자주 가요?
B: 서비스가 좋기 때문에 자주 가요.

Vocabulary & Expression

1.5l

1.5l is read as 일 점 오 리터. l is used as a unit of measure for gas or liquid and is read as 리터. A smaller unit than l is ml, which is read as 밀리리터. Numbers in front of l or ml are read as 일, 이, 삼, 사 etc.

ex A: 물을 또 마셔요? 조금 전에 마시지 않았어요?
B: 아, 저는 매일 물을 2ℓ(이 리터) 마셔요. 그럼 건강에 좋아요.

ex A: 음료수는 어떤 걸로 드릴까요?
B: 콜라 1.5ℓ(일 점 오 리터)짜리 하나 주세요.

ex A: 라면을 끓일 때 물을 얼마나 넣어야 해요?
B: 500㎖(오백 밀리리터) 넣으세요.

이화 아파트 101동 301호예요

이화 아파트 101동 301호예요 means ***Ewha Apt. 101-dong, No. 301***. When giving an apartment address in Korea, you should use 동 and 호. 동 is the number of the building, and 호 is the number of the unit in the building. Numbers in front of 동 and 호 are read as 일, 이, 삼, 사 etc. 이화 아파트 101동 301호예요 means that the address is No. 301, on the third floor of building No. 101.

ex A: 어디로 가면 됩니까?
B: 삼성 아파트 102동(백이 동) 201호(이백일 호)로 와 주세요.

ex A: 집 주소가 어떻게 돼요?
B: 서울시 서대문구 이화여대길 이화 아파트 1동(일 동) 1502호(천오백이 호)예요.

ex A: 부모님 집은 어디예요?
B: 우리 아파트 바로 옆 동 301호(삼백일 호)예요.

ex A: 이 아파트는 모두 몇 동인가요?
B: 모두 일곱 동입니다.

통닭

통닭 means ***a whole chicken***. It is a chicken that has not been cut into pieces but been cooked whole.

ex (식당에서)
A: 손님, 주문하시겠습니까?
B: 네, 통닭 한 마리하고 맥주 두 병 주세요.

ex A: 아이 생일 때 닭으로 어떤 요리를 할까요?
B: 통닭을 하는 게 어때요? 통닭은 아이들이 좋아해서 맛있게 먹을 거예요.

Functional Expression

- **Asking what kind of drink someone wants to eat**

When you ask someone what kind of drink he/she wants, you can say 어떤 음료로 드릴까요?, 무슨 음료로 하시겠습니까, 음료는 뭐로 하시겠습니까, 음료는 어떤 걸로 드릴까요, 음료는 어떤 걸로 하시겠습니까?, 여러 종류의 음료가 있는데 어느 것으로 드릴까요?, etc.

ex A: 어떤 음료로 드릴까요? /
무슨 음료로 하시겠습니까? /
음료는 뭐로 하시겠습니까? /
음료는 어떤 걸로 드릴까요? /
음료는 어떤 걸로 하시겠습니까? /
여러 종류의 음료가 있는데 어느 것으로 드릴까요?
B: 커피로 주세요.

Script

Owner	Yumyum Chicken.
Natasha	Can I order delivery by any chance?
Owner	Yes, but we are a little behind on our orders, so it will be delivered in about 30 minutes. Is that alright?
Natasha	Yes, that's okay. I'd like a whole chicken please.
Owner	Which would you like? The spicy chicken?
Natasha	No, I can't have the spicy one because of my kid. We'll have the non-spicy one.
Owner	Okay. Anything else?
Natasha	And a 1.5l bottle of coke.
Owner	Coke is free. How would you like to pay?
Natasha	Credit card. How much is it?
Owner	17,000 won. What's your address?
Natasha	Ewha Apt. 101-dong. No. 301. It's near the subway station.
Owner	Okay. Thank you.

Answers

(1) ①
Natasha is ordering home-delivered chicken over the phone. She is not asking the location of the store or the type of food it serves.

(2) ②
The owner of the store said that they were behind on orders and the food would be delivered in about 30 minutes. This means that since the owner has lots of deliveries to make, Natasha's delivery will arrive a little late.

(3) ① 아니요 ② 네 ③ 아니요
Natasha did not order the spicy chicken because of her child. At this store, coke is free of charge. Also, Natasha will pay for the food with her credit card.

 p.60

Vocabulary & Expression

저기요

저기요 means ***excuse me***. It is used when you call a waiter/waitress or an employee in a restaurant or a store. You can also use 여기요, 아주머니 etc.

ex A: 저기요, 주문 좀 받아 주세요.
B: 네, 알겠습니다. 손님.

ex A: 여기요, 이거 얼마예요?
B: 30,000원입니다.

Functional Expression

- **Talking about food**

When you talk about food, you can explain it according to the ingredients and method of cooking. You can say N 등을 넣고 끓인 N이에요/예요, N 등을 넣고 끓인 거예요, etc.

ex A: 이건 무슨 음식이에요? /
이건 어떤 음식이에요?
B: 된장찌개예요. 물에 된장과 야채, 두부 등을 넣고 끓인 찌개예요. /
된장찌개로 물에 된장과 야채, 두부 등을 넣고 끓인 음식이에요. /
된장찌개라고 해요. 된장을 푼 물에 야채, 두부 등을 넣고 끓인 거예요.

Dialogue

Waitress	How are you today? What would you like to order?
Michael	What should we eat, Wang Kai?
Wang Kai	Well. (to the waiter/waitress) Excuse me, what does course A include?
Waitress	The main entree is *bulgogi*. We serve sweet pumpkin porridge for the appetizer. You can choose between *bibimbap* and rice cake soup for the main meal.
Wang Kai	What is sweet pumpkin porridge?
Waitress	It's a kind of porridge made with sweet pumpkin and water boiled together. People like it because of its sweet taste.
Michael	Really? What about rice cake soup?
Waitress	It's soup made with white rice cake slices boiled in beef broth. Foreigners like it because it's not spicy.
Michael	Then I'll have the rice cake soup. How about you, Wang kai?
Wang Kai	I'll have *bibimbap*.
Waitress	What would you like for dessert? We have coffee and green tea.
Michael	I'll have green tea.
Wang Kai	Coffee for me, please.

Grammar Focus

(이)나 is used to indicate a reasonable second-best option. It is attached to a noun, and if the noun ends in a consonant 이나 is used, while 나 is used if it ends in a vowel.

ex A: 오후에 시간 있어요? 우리 차나 한잔할까요?
B: 네, 좋아요.

ex A: 마이클 씨, 주말에 뭐 할 거예요?
B: 집에서 숙제나 하려고요.

ex A: 수업 끝나고 같이 식사나 할까요?
B: 네, 좋아요.

ex A: 날씨가 좀 춥네요. 오늘 뭐 할까요?
B: 추워서 밖에 나가고 싶지 않아요. 집에서 드라마나 보는 게 어때요?

ex A: 우리 피자 먹으러 가요.
B: 요즘 다이어트하고 있지 않아요? 그냥 김밥이나 먹으러 가요.

ex A: 오늘 점심 어때요? 점심이나 먹으면서 이야기합시다.
B: 네, 알겠어요.

Focus Plus

- (이)나 has another meaning. It is also used in N(이)나 N, in which case (이)나 means 'or'.
(See 『이화 한국어 1-2』, Chapter 12, p.84)

ex A: 아침에 보통 뭘 마셔요?
B: 저는 아침에 보통 커피나 우유를 마셔요.

ex A: 유키 씨 생일 선물로 뭘 사는 게 좋을까요?
B: 책이나 화장품을 사는 게 어때요?

ex A: 이번 방학에 어디에 여행 가고 싶어요?
B: 이번 방학에는 경치 좋은 산이나 바다로 여행 가고 싶어요.

Answers

① A: 비가 와서 오늘은 등산을 갈 수 없어요.
B: 그러면 우리 오늘 뭐 할까요?
A: 우리 같이 영화나 봐요.

② A: 비가 와서 오늘은 등산을 갈 수 없어요.
B: 그러면 우리 오늘 뭐 할까요?
A: 우리 같이 백화점에서 쇼핑이나 해요.

Grammar Focus

When verbs with ㅅ as the final consonant, such as 짓다, 젓다, 낫다, 붓다 etc., are combined with a vowel, the ㅅ is omitted. However, if it is combined with a consonant, the form does not change.

Basic form	–아/어요	–았/었어요	–(으)ㄹ 거예요	–(으)면	–습니다
낫다	나아요	나았어요	나을 거예요	나으면	낫습니다
붓다	부어요	부었어요	부을 거예요	부으면	붓습니다
젓다	저어요	저었어요	저을 거예요	저으면	젓습니다
짓다	지어요	지었어요	지을 거예요	지으면	짓습니다

ex A: 감기는 좀 어때요?
B: 많이 나았어요. 고마워요.

ex A: 손발이 자주 붓습니까?
B: 네, 요즘 손발이 자주 부어요.
가끔 아플 때도 있고요.

ex A: 유키 씨 집은 누가 지었어요?
B: 우리 아버지께서 지으셨어요.

ex A: 죽이 뜨거워요.
숟가락으로 저은 다음에 드세요.
B: 네, 알겠어요. 고마워요.

Focus Plus

- Verbs such as 벗다, 씻다, 웃다 etc. are regular verbs rather than ㅅ irregular verbs. So even if the verb is combined with a vowel, the form does not change.

Basic form	–아/어요	–았/었어요	–(으)ㄹ 거예요	–(으)면	–습니다
벗다	벗어요	벗었어요	벗을 거예요	벗으면	벗습니다
씻다	씻어요	씻었어요	씻을 거예요	씻으면	씻습니다
웃다	웃어요	웃었어요	웃을 거예요	웃으면	웃습니다

ex A: 아이가 어머니를 보면 항상 웃어요.
B: 네, 맞아요.

ex A: 집에 들어오면 먼저 손을 씻으세요.
B: 네, 알겠습니다.

Answers

① A: 왜 이렇게 얼굴이 부었어요?
B: 요즘 일이 많아서 피곤해서 그래요.

② A: 의사 선생님, 목이 아프고 열이 나요.
B: 감기입니다. 이 약을 먹고 며칠 쉬면 곧 나을 거예요.

③ A: 강아지가 참 귀여워요. 그런데 왜 이름을 복실이라고 지었어요?
B: 털이 많고 귀여워서요.

④ A: 이 국에 소금 넣었어요?
B: 네, 넣었어요. 그런데 국자로 한번 저어 주시겠어요?

Vocabulary & Expression

출출할 때

출출할 때 means ***when one feels a bit hungry***. It can be used if you are a little bit hungry not only when it's meal time, but also when it's not meal time.

ex A: 늦은 밤에 배가 좀 출출할 때 어떻게 하세요?
B: 전 따뜻한 우유 한 잔을 마셔요. 그럼 잠도 잘 와요.

ex A: 초콜릿은 왜 샀어요?
B: 이따가 출출할 때 먹으려고 샀어요.

ex A: 점심을 먹은 지 얼마 안 됐지만 벌써 출출해요. 우리 간식 좀 먹으러 가요. 어때요?
B: 좋아요. 저도 좀 출출했어요.

ex A: 방금 냉면 한 그릇을 먹고 만두를 또 주문해요?
B: 네. 배가 출출해서 만두를 더 먹으려고요.

밥 짓는 법

밥 짓는 법 means ***how to cook rice***. –는 법 or –는 방법 means the way or method of doing something.

ex A: 맛있게 밥 짓는 법 좀 알려 주세요.
B: 밥을 짓기 전에 쌀을 물에 1시간 이상 담근 후에 밥을 지어 보세요.

ex A: 잡채 만드는 건 어려워요?
B: 아니요. 잡채 만드는 방법은 어렵지 않아요. 제가 알려 드릴게요.

ex A: 불고기가 정말 맛있네요. 불고기 만드는 건 누구한테서 배웠어요?
B: 어머니께서 불고기를 맛있게 만드는 법을 가르쳐 주셨어요.

ex A: 이 전자레인지 사용하는 방법을 알아요?
B: 네, 알아요. 제가 알려줄게요.

Functional Expression

- **Relating the words of a third person**

When you repeat exactly what another person has said, you put that person's words inside double quotation marks (" ") and then write 라고 했어요, 라고 말했어요 etc. after the quotation. In the case of a question you add 라고 물었어요 or 라고 물어봤어요 after the quoted words.

ex A: 아까 장소이 씨가 뭐라고 했어요? /
아까 장소이 씨가 뭐라고 말했어요?
B: 장소이 씨가 저에게 "주말에 뭐 할 거예요?"라고 했어요. /
장소이 씨가 저에게 "주말에 뭐 할 거예요?"라고 말했어요. /
장소이 씨가 저에게 "주말에 뭐 할 거예요?"라고 물었어요. /
장소이 씨가 저에게 "주말에 뭐 할 거예요?"라고 물어봤어요.

Script

Cooking expert Hello, everyone. It's time for "Cooking in 5 minutes." Sometimes when we feel a bit hungry, we often say, "Shall we have *ramyeon*(instant noodles)?" So today I'm going to tell you the way to tastily cook instant noodles. In which order should we cook the ingredients—the noodles, the powder soup, and the water? First of all, pour 500cc of water in a pot. When the water boils, add the powder soup and noodles. Then, to make your noodles even tastier, turn the heat up and boil for a short time. Also, for a special taste, add eggs or rice-cake slices. Or put in some sliced scallions just before you start eating. Tomorrow, I'm going to show you the best way to cook rice.

Answers

(1) ①

The woman is talking about how to cook *ramyeon*(instant noodles). She is not talking about rice-cake soup or steamed egg.

(2) ② 스프와 라면을 넣는다.　　③ 불을 세게 한 후 빨리 끓인다.

Instructions for cooking *ramyeon* are as follows. First, boil 500cc of water, then add the soup powder and noodles. Cook quickly on high heat. For a special taste, add an egg or rice-cake slices.

(3) ① 네　　② 아니요　　③ 아니요

After putting the noodles in boiling water, turn the heat up high and boil for a short time. Then the *ramyeon* will taste even better. The scallions are not put in the water at the same time, but added just before eating. Next time the expert is going to talk not about fried rice but about how to cook rice so that it tastes good.

Vocabulary & Expression

한번

한번 means ***one time, once***. When 한번 is used to indicate doing something just once to give it a try, it is usually used with –아/어 보다. It is used when you recommend doing something to a person or when you try doing something to see how it works.

(옷가게에서)

ex A: 저 옷 좀 보여 주세요.
B: 네, 손님. 한번 입어 보세요.

(마트에서)

ex A: 이거 한번 먹어 볼 수 있어요?
B: 네, 물론이죠. 드셔 보세요.

Functional Expression

- **Asking about the ingredients of a certain dish**
  When you ask about the ingredients in a dish, you can say N은/는 뭐로 만들어요?, N에는 뭐가 들어가요?, or N에는 뭐가 들어 있어요?

ex A: 삼계탕은 뭐로 만들어요? /
삼계탕에는 뭐가 들어가요? /
삼계탕 안에는 뭐가 들어 있어요?
B: 닭고기와 찹쌀, 야채가 들어가요.

Dialogue

Natasha	Hello? Is Eungyeong there?
Eungyeong	Speaking. Is this Natasha?
Natasha	Yes. Eungyeong, do you know how to make kimchi pancakes by any chance?
Eungyeong	Yes, I do. But why?
Natasha	Some friends are coming to my house tomorrow and I'd like to make kimchi pancakes for them.
Eungyeong	Really? It's not hard. First of all, mix flour and water in a bowl and stir well.
Natasha	And then?
Eungyeong	Then cut kimchi into pieces, add it to the bowl and stir. When the ingredients are mixed well, oil the frying pan and cook the kimchi pancakes until golden on both sides.
Natasha	Is there anything else I should add?
Eungyeong	They taste even better if you add squid with the kimchi.
Natasha	Okay, thanks. I'll give it a go.

Vocabulary & Expression

다진 마늘

다진 마늘 means ***minced garlic***. It refers to garlic that has been finely chopped with a knife. 다지다 is the verb meaning 'to mince meat or vegetables.'

ex A: 다진 마늘은 언제 넣어요?
B: 김치찌개가 끓기 시작하면 넣으세요.

ex A: 집들이 때 무슨 음식을 만들 거예요?
B: 고기와 채소를 다져서 전을 부칠 거예요.

큰술

큰술 means ***tablespoon***. It indicates a large spoonful, equivalent to one tablespoon. In general, one tablespoon equals 15ml. Tablespoons are counted as 1큰술[한 큰술], 2큰술 [두 큰술], and 3큰술 [세 큰술] etc.

ex A: 이 찌개에 소금을 얼마나 넣으면 돼요?
B: 1큰술(한 큰술) 정도 넣으면 될 거예요.

ex A: 물에 된장을 얼마나 풀까요?
B: 3큰술(세 큰술) 푸세요.

Reading & Writing Tip

Reading numbers and units of measurement for cooking ingredients

cm is read as 센티미터, g as 그램, kg as 킬로그램 and the numbers in front as 일, 이, 삼, 사 etc. You might need less than one in the case of vegetables such as zucchinis, carrots, potatoes, cucumbers, and onions. Depending on how the food is divided you can write 1/2, 1/3, which are read as 이분의 일 or 반, and 삼분의 일 respectively. The numbers are read as 일, 이, 삼, 사 etc.

ex A: 찌개에 넣을 두부는 얼마나 준비해요?
B: 두부 70g(칠십 그램)을 준비하세요. 그리고 두께 2cm(이 센티미터)로 써세요.

ex A: 호박을 얼마나 썰어요?
B: 호박 1/2개(이분의 일 개, 반 개)를 써세요.

Writing cooking instructions

Use the name of a dish as the title.
Accurately write down the ingredients and the amounts needed to make the dish.
Write down how to cook the food in order. Each step must be numbered.
Provide tips on ways to make the food taste better or how to eat the food.

된장찌개

재료 | 된장 3큰술, 쇠고기 100g, 호박 1/2개, 양파 1개, 감자 1개, 두부 70g, 고추 2개, 다진 마늘 1큰술, 파 20g

1 호박, 양파, 감자를 가로, 세로 2cm, 두께 1cm로 써세요.
2 두부는 가로, 세로 3cm, 두께 0.5cm로 썰고, 파도 써세요.
3 냄비에 쇠고기를 넣고 물을 부으세요.
4 국물이 끓으면 국물에 된장을 풀고 호박, 양파, 감자를 넣고 끓이세요.
5 찌개가 끓으면 두부와 고추, 다진 마늘을 넣으세요.
6 먹기 직전에 파를 넣으세요. 파를 일찍 넣으면 파의 향이 없어지기 때문에 맛이 없습니다.

* 하나 더! 쇠고기를 넣지 않고 멸치나 조개를 넣어도 됩니다.
고추 때문에 찌개가 조금 맵습니다. 매운 맛을 싫어하는 사람은 고추를 넣지 마세요.

Pronunciation

Reading numbers

ex 3큰술[세큰술], 100g[백그램], 1/2개[이부네일개], 1개[한개], 70g[칠십그램], 2개[두개], 1큰술[한큰술], 20g[이십그램], 2cm[이센티미터], 1cm[일센티미터], 3cm[삼센티미터], 0.5cm[영저모센티미터]

Text

Soybean Paste Stew

Ingredients: 3 tablespoons soybean paste, 100g beef, 1/2 zucchini, 1 onion, 1 potato, 70g bean curd, 2 red chili peppers, 1 tablespoon minced garlic, 20g green onions

1. Cut zucchini and potato into 2 x 2 x 1cm blocks.
2. Cut bean curd into 3 x 3 x 0.5 cm blocks and cut green onions.
3. Put beef into a pot and add water.
4. When the water boils, dissolve bean paste in the water and add the zucchini, onion, and potato. Leave to boil.
5. When the stew boils, add bean curd, chili pepper, and minced garlic.
6. Add the green onions just before eating. If they are added too early, the flavor fades and the soup does not taste as good.

* One more thing! Anchovies or clams can be used instead of beef. Since chili pepper makes the stew a bit spicy, omit them if you prefer a less spicy taste.

Answers

(1) ①

The ingredients of ① are zucchinis, onions, potatoes, bean curd, and beef. It is the correct answer. The ingredients of ② are carrots, cucumbers, bean curd, onions, and clams. The ingredients of ③ are green onions, zucchinis, carrots, shrimp, and eggplants.

(2) ① 네 ② 아니요 ③ 아니요

(3) ③, ②, ④

First of all, picture No. 3 is when the soy bean paste is dissolved in the water. And picture No. 2 is when the zucchini, potato, and onion is added. And then, picture No. 4 is when the chili peppers and minced garlic are added.

Vocabulary Check

▶ **Tick off the words and expressions that you know.**

요리법	Recipes
☐ 굽다	to grill, to roast
☐ 기름을 두르다	to oil, to grease
☐ 김치를 담그다	to make kimchi
☐ 껍질을 벗기다	to peel
☐ 다지다	to chop
☐ 된장을 풀다	to dissolve bean paste in water
☐ 반죽하다	to mix batter or dough
☐ 밥을 짓다	to cook rice
☐ 볶다	to panfry
☐ 부치다	to griddle, to fry
☐ 삶다	to boil
☐ 섞다	to mix
☐ 썰다	to cut
☐ 으깨다	to mash
☐ 찌다	to steam
☐ 튀기다	to deep fry

고기, 해산물	Meat and Seafood
☐ 게	crab
☐ 김	laver
☐ 닭고기	chicken
☐ 돼지고기	pork
☐ 멸치	anchovy
☐ 미역	seaweed
☐ 새우	shrimp
☐ 생선	fish
☐ 쇠고기	beef
☐ 양고기	lamb, mutton
☐ 오징어	squid
☐ 조개	shellfish
☐ 참치	tuna

야채	Vegetables
☐ 가지	eggplant, aubergine
☐ 감자	potato
☐ 고추	red pepper, chilli pepper
☐ 당근	carrot
☐ 마늘	garlic
☐ 배추	cabbage
☐ 브로콜리	broccoli
☐ 양파	onion
☐ 파	green onion
☐ 호박	pumpkin

기타 음식 재료	Others
☐ 계란	egg
☐ 두부	bean curd
☐ 밀가루	flour
☐ 카레 가루	curry powder

양념	Condiments
☐ 간장	soy sauce
☐ 고추장	red pepper paste
☐ 기름	oil
☐ 된장	soybean paste
☐ 설탕	sugar
☐ 소금	salt
☐ 식초	vinegar
☐ 참기름	sesame oil
☐ 후추	pepper

요리 기구	Cooking Utensils
☐ 국자	ladle
☐ 그릇	bowl, dish
☐ 냄비	pan
☐ 프라이팬	frying pan

PART1 준비합시다 01 • -는 중

p.74

Grammar Focus

-는 중 is used to indicate that a certain event is in progress. It can only be attached to a verb. Whether the verb stem ends in a consonant or vowel, it takes the form of -는 중이다 or -는 중에.

Basic form	-는 중	Basic form	-는 중
가다	가는 중	만들다	만드는 중
기다리다	기다리는 중	열다	여는 중
먹다	먹는 중	듣다	듣는 중
읽다	읽는 중	돕다	돕는 중

ex A: 마이클 씨는 지금 무엇을 하고 있어요?
B: 한국어를 공부하는 중이에요.

ex A: 요코 씨는 지금 어디에 있어요?
B: 지금 저기 나무 밑에서 사진을 찍는 중이에요.

ex A: 장소이 씨, 지금 통화할 수 있어요?
B: 죄송해요. 저녁에 손님이 오세요. 그래서 지금 음식을 만드는 중이에요. 내일 전화 드릴게요.

ex A: 이치로 씨, 극장에서 영화를 보는 중에는 전화를 끄셔야 해요.
B: 네, 그렇게 할게요.

ex A: 다음 주에 유럽으로 여행을 갈 거예요. 그런데 감기에 걸려서 걱정이에요.
B: 여행하는 중에 아프면 정말 힘들어요. 병원에 꼭 가세요.

Focus Plus

- When 중 is combined with a noun rather than a verb, it is used in the form of N 중 such as 회의 중, 외출 중, 수업 중.

ex A: 사장님 좀 바꿔 주세요.
B: 죄송합니다. 지금 회의 중이십니다.

ex A: 밖이 너무 시끄럽지요?
B: 네. 제가 종이에 '수업 중'이라고 썼어요. 교실 문에 붙여 주세요.

Answers

① A: 미셸 씨는 지금 뭐 하고 있어요?
B: 비행기 표를 예약하는 중이에요.

② A: 미셸 씨는 지금 뭐 하고 있어요?
B: 여행 가방을 싸는 중이에요.

③ A: 미셸 씨는 지금 뭐 하고 있어요?
B: 지도를 보는 중이에요.

④ A: 미셸 씨는 지금 뭐 하고 있어요?
B: 짐을 푸는 중이에요.

Grammar Focus

-기로 하다 is used when one promises or decides to do something with another person, or when making a resolution or promise with oneself. It can only be attached to a verb, and whether the stem of the verb ends in a consonant or a vowel, it maintains the same form. The past tense form is -기로 했다.

Basic form	-기로 하다	Basic form	-기로 하다
가다	가기로 하다	만들다	만들기로 하다
찾다	찾기로 하다	듣다	듣기로 하다
읽다	읽기로 하다	돕다	돕기로 하다

ex A: 우리 무슨 요일에 만날까요?
B: 평일에는 수업이 있어요. 주말이면 좋겠어요.
A: 그럼 토요일에 만나기로 해요.

ex A: 다음 주말에 이사해요. 혹시 도와줄 수 있어요? 우리 반 친구들은 시험 준비로 바빠서요.
B: 걱정 마세요. 마이클 씨와 이야기했어요. 우리 둘이 이치로 씨 이사를 돕기로 했어요.
A: 고마워요.

ex A: 내일 민호 씨 졸업식에 누가 카메라를 가져가기로 했어요?
B: 이치로 씨가 가져오기로 했어요.

Focus Plus

- When using -기로 하다, depending on the situation 하다 can be changed into verb phrases such as 결정하다, 결심하다, or 약속하다.

ex A: 마이클 씨는 언제 와요?
B: 내일 오후에 꼭 오기로 약속했어요.

ex A: 수잔 씨, 회사를 옮길 거예요?
B: 네, 다른 회사로 가기로 결정했어요.

Answers

① A: 월요일 오후에 뭐 할 거예요? 시간 있으면 같이 테니스를 칠까요?
B: 미안해요. 시간이 안 돼요. 친구와 도서관에 가기로 했어요.

② A: 화요일 오후에 뭐 할 거예요? 시간 있으면 같이 테니스를 칠까요?
B: 미안해요. 시간이 안 돼요. 백화점에서 쇼핑하기로 했어요.

③ A: 수요일 수업 후에 뭐 할 거예요? 시간 있으면 같이 테니스를 칠까요?
B: 미안해요. 시간이 안 돼요. 선생님과 상담하기로 했어요.

④ A: 목요일 수업 후에 뭐 할 거예요? 시간 있으면 같이 테니스를 칠까요?
B: 미안해요. 시간이 안 돼요. 친구와 숙제하기로 했어요.

⑤ A: 금요일 오후에 뭐 할 거예요? 시간 있으면 같이 테니스를 칠까요?
B: 미안해요. 시간이 안 돼요. 친구와 영화 보기로 했어요.

⑥ A: 토요일 오전에 뭐 할 거예요? 시간 있으면 같이 테니스를 칠까요?
B: 미안해요. 시간이 안 돼요. 후배와 점심 먹기로 했어요.

Grammar Focus

–나요 is used to ask somebody about something in a polite and friendly way. It is attached to a verb, and whether the verb stem ends in a consonant or vowel, it maintains the same form. The past tense form is –았/었나요 and the future tense form is –(으)ㄹ 건가요.

Basic form	–나요	–았/었나요	–(으)ㄹ 건가요
가다	가나요	갔나요	갈 건가요
읽다	읽나요	읽었나요	읽을 건가요
만들다	만드나요	만들었나요	만들 건가요
듣다	듣나요	들었나요	들을 건가요
돕다	돕나요	도왔나요	도울 건가요
짓다	짓나요	지었나요	지을 건가요

ex A: 기차가 몇 시에 출발하나요?
B: 3시 20분에 출발합니다.

ex A: 지금 부모님과 함께 사나요?
B: 아니요, 혼자 살아요.

ex A: 장소이 씨, 혹시 이 영화를 봤나요?
B: 네, 중국에서 봤습니다.

ex A: 방학 때 어디에 갈 건가요?
B: 제주도에 갈 겁니다.

ex A: 우리는 점심에 뭘 먹나요?
B: 도시락을 주문했습니다. 그걸 드실 겁니다.

ex A: 음식은 누가 만드나요?
B: 제가 만들 겁니다.

ex A: 요코 씨, 요코 씨의 이름은 누가 지었나요?
B: 아버지께서 지어 주셨습니다.

ex A: 마이클 씨에게 언제 편지를 보낼 건가요?
B: 내일쯤 보낼 겁니다.

Focus Plus

- To ask something in a polite and friendly way, –(으)ㄴ가요 is used with an adjective, whereas –나요 is with a verb. But for a past tense adjective, –나요 is used. In the case of the verbs 있다, 없다, –나요 are used.

ex A: 설악산은 경치가 좋은가요?
B: 네, 정말 좋아요.

ex A: 마이클 씨, 어제 많이 아팠나요?
B: 네, 감기 때문에 열도 나고 많이 아팠어요.

Answers

① A: 창가 자리가 있나요?
B: 죄송하지만 창가 자리는 없습니다.

② A: 짐은 어디에서 찾나요?
B: 가방은 도착하시는 곳에서 찾으시면 됩니다.

③ A: 제시간에 출발하나요?
B: 물론입니다. 비가 오지만 제시간에 출발합니다.

④ A: 시애틀까지 시간이 얼마나 걸리나요?
B: 12시간 반 걸립니다.

Vocabulary & Expression

구경했어요

구경했어요 means ***(I) saw (something)***. It is used to indicate that one looks at something with enjoyment or interest. It can be used to construct expressions such as 영화를 구경하다 or 서울 시내를 구경하다. 관광하다 and 관람하다 have similar meanings to 구경하다. 관광하다 means observing or looking at the scenery, customs and culture of another region or country. It is used in such constructions as 불국사를 관광하다 or 서울 시내의 유명한 곳을 관광하다. 관람하다 is used with nouns such as a play, a movie, a sports match, or an art work. Using a noun with 관람하다 means one is watching or looking at the noun (the object). For example, 관람하다 can be used in constructions such as 영화를 관람하다, 공연을 관람하다, 고궁을 관람하다, etc.

ex 서울에서 경복궁을 구경했어요.
외국 여러 곳을 관광하는 것이 힘들지만 재미있어요.
미술관에서 유명한 화가의 그림을 관람했어요.

멋진 식당

멋진 식당 means ***a wonderful restaurant***. As in 멋진 구두 or 경치가 멋지다, it can also be used to say that something looks stylish or beautiful. Furthermore, as in the case of 멋진 생각 or 일을 멋지게 끝내다, it can be also used to indicate something is very good or excellent.

ex 친구가 오늘 멋진 식당에 우리를 데리고 갔다.
ex 그 일이 어려웠지만 나는 멋지게 끝내고 싶었다.

보여 주세요

보여 주세요 means ***show (something to someone)***. 보이다, derived from 보여 주다, is the causative form of 보다. It refers to having someone see the existence or physical features of an object.

ex A: 마이클 씨 집에서 어제 뭐 했어요?
B: 마이클 씨가 우리에게 여행 사진을 보여 주었어요. 사진 구경도 하고 맛있는 음식도 먹었어요.
ex A: 비행기에서 자리를 못 찾으면 어떻게 해요?
B: 승무원에게 비행기 표를 보여 주면 찾아줄 거예요.

Functional Expression

- **Talking about the person(s) accompanying another**
  (이)랑, 하고 같이, or 와/과 같이 can be used when one is going somewhere with someone else. If the company is composed of more than two people, such expressions as 장소이 씨랑 티엔 씨랑, 장소이 씨하고 티엔 씨하고, 장소이 씨, 티엔 씨하고 are used. (이)랑, 하고, and 하고 같이 are usually used in spoken Korean.

ex A: 부산 여행은 누구하고 같이 가요?
B: 장소이 씨랑 티엔 씨랑 가요. /
장소이 씨하고 티엔 씨하고 가요. /
장소이 씨와 티엔 씨와 같이 가요. /
장소이 씨, 티엔 씨하고 같이 가요.

Script

Kim Eungyeong	Hi, Natasha! How have you been?
Natasha	Fine. I just got back from summer vacation. So I'm now organizing the photos I took on holiday.
Kim Eungyeong	Oh, really? Where did you go?
Natasha	I went to Paris in France. I saw the Eiffel Tower and the Louvre Museum.
Kim Eungyeong	Did you take an excursion boat in Paris?
Natasha	Yes, I did. Also in the evening, I ate French cuisine at a wonderful restaurant.
Kim Eungyeong	Sounds great! I envy you.
Natasha	Have you been on vacation?
Kim Eungyeong	I'm going next week. I'm planning to go to Haeundae in Busan with my husband and my son.
Natasha	Really? Show me the photos next time we meet. I've never been to Busan.
Kim Eungyeong	Sure. Let's meet for coffee when I get back from vacation. I'll bring the photos with me.
Natasha	Okay. See you then.

Answers

(1) ②

Natasha says that she is now organizing her photos.

(2) ②, ③, ④

There is no mention of going shopping or watching a traditional performance in the passage. On the first day of vacation, Natasha went to see a museum, took a ride on an excursion boat and had dinner at a wonderful restaurant.

(3) ① 아니요 ② 아니요 ③ 네

Natasha has never been to Busan. Kim Eungyeong did not go to Busan last summer but plans to go this summer on her vacation.

p.78

Vocabulary & Expression

꽃도 피어서

꽃도 피어서 means ***because the flowers are in bloom***. 꽃이 피다 means that flowers are blooming. By replacing the generic noun 꽃 with the name of a flower such as 장미 or 개나리, the expression can be used as 장미가 피다 or 개나리가 피다. The opposite meaning of 꽃이 피다 is 꽃이 지다.

ex A: 집 앞 공원에 꽃도 많이 피어서 정말 예뻐요. 한번 가 보세요.
B: 네, 그럴게요.

ex A: 이 장미는 언제 피어요?
B: 6월에 피어요.

Functional Expression

- **Asking how long something will take**

  When asking how long it will take to reach one's destination, (시간이) 얼마나 걸려요? or 시간이 몇 분쯤 걸려요? can be used.

ex A: 거기까지 얼마나 걸려요? /
시간이 거기까지 몇 분쯤 걸려요? /
거기까지 가는 데 얼마나 걸릴까요? /
거기까지 가는 데 시간이 얼마나 걸리나요?
B: 버스로 20분쯤 걸려요.

Dialogue

Michelle	Hi, Zhang Souyi. What are you doing this weekend?
Zhang Souyi	I'm going out with some friends.
Michelle	Oh, really. Where to?
Zhang Souyi	We haven't decided yet. So I'm doing a search on the Internet. Can you recommend a place?
Michelle	Well, why don't you go to an amusement park on the outskirts of Seoul.
Zhang Souyi	What is there to do there?
Michelle	The roller coaster there is really famous. If you do go, make sure you ride the roller coaster. Also fireworks are held in the evening. A lot of flowers are in bloom as well, so you can look at the flowers.
Zhang Souyi	Really? How long does it take to get there?
Michelle	If you take a bus from Gangnam station, it takes about one hour.
Zhang Souyi	Okay. Thank you!

 p.80

Grammar Focus

-(으)ㄹ래요 is used when asking someone's thoughts or opinion on an event or a choice, or when expressing one's own thoughts or opinion. This expression can be usually used for friends, people with whom you are close, or one's juniors. It is attached to a verb, and -을래요 is used if the verb stem ends in a consonant, while -ㄹ래요 is used if it ends in the consonant ㄹ or a vowel.

Basic form	-(으)ㄹ래요	Basic form	-(으)ㄹ래요
가다	갈래요	듣다	들을래요
먹다	먹을래요	돕다	도울래요
만들다	만들래요	붓다	부을래요

ex A: 무슨 음식을 시킬래요?
B: 전 비빔밥을 먹을래요.

ex A: 크리스마스 카드를 만들래요, 살래요?
B: 주말에 친구들과 같이 만들래요.

ex A: 어디에서 사진을 찍을래요?
B: 저기 나무 밑에서 찍어요.

ex A: 지금 이 음악을 들을래요?
B: 네, 한번 들어 봐요.

Focus Plus

- -(으)ㄹ래요 is used to speak your opinion or intentions and it is similar in meaning to -고 싶다. However, -고 싶다 expresses a simple wish or desire, regardless of real possibility, whereas -(으)ㄹ래요 is used to indicate your opinion regarding a choice or intent to do something specific.

ex 돈이 생기면 여행을 갈래요.
(This expresses your concrete plan or intent to take a trip when you get some money together.)

ex 돈이 생기면 여행을 가고 싶어요.
(This expresses your wish to take a trip if you get some money together.)

Answers

① A: 이번에 여행갈 때 무엇을 타고 갈래요? 기차를 타고 갈래요?
B: 아니요. 비행기를 타고 갈래요.

② A: 이번에 여행갈 때 어디에 앉을래요? 통로 자리에 앉을래요?
B: 아니요. 창가 자리에 앉을래요.

③ A: 이번에 여행갈 때 어디에서 묵을래요? 시설이 좋은 호텔에서 묵을래요?
B: 아니요. 저렴한 호텔에서 묵을래요.

④ A: 이번에 여행갈 때 어디를 구경할래요? 시내를 구경할래요?
B: 아니요. 유적지를 구경할래요.

⑤ A: 이번에 여행갈 때 어디에서 기념품을 살래요? 면세점에서 살래요?
B: 아니요. 시장에서 살래요.

Grammar Focus

-겠- is used to indicate the will or intention to do something. It is attached to a verb. It can be used with different endings such as -겠습니다, -겠습니까, -겠군요, -겠지요.

Basic form	-겠습니다	Basic form	-겠습니다
가다	가겠습니다	듣다	듣겠습니다
먹다	먹겠습니다	돕다	돕겠습니다
만들다	만들겠습니다	짓다	짓겠습니다

ex A: 율리아 씨, 쓰기 숙제를 다음 월요일까지 하셔야 합니다.
B: 네, 주말에 꼭 숙제를 다 하겠습니다.

ex A: 환자분, 술을 너무 많이 마시지 마세요. 건강에 안 좋습니다.
B: 네, 선생님. 술을 줄이겠습니다.

ex A: 마이클 씨 송별회에 누가 사진을 찍을래요?
B: 선생님, 제가 찍겠습니다.

ex A: 김민수 씨, 서울 시장이 되면 무엇을 제일 먼저 하시겠어요?
B: 집이 없는 사람들이 많습니다. 그래서 서울에 싸고 좋은 아파트를 많이 짓겠습니다.

ex A: 한국에 가면 먼저 어디에 갈래요?
B: 저는 서울에 있는 경복궁에 가겠어요. 거기에서 구경도 하고 사진도 찍을래요.

Focus Plus

- As -겠- is used to express one's intention or will regarding an event that has yet to take place, it is usually used with expressions indicating the future.

ex A: 김 선생님, 언제 학생들에게 연락하실 겁니까?
B: 오늘 오후에 하겠습니다.

ex A: 여러분, 내년에는 특별한 계획이 있어요?
B: 선생님, 저는 내년에 자동차 운전을 배우겠습니다.

ex A: 언제 이메일을 보내 줄 거예요?
B: 내일 저녁에 보내 드리겠습니다.

Answers

① 새해에는 세계 일주를 하겠습니다.
② 새해에는 살을 빼겠습니다.
③ 새해에는 장학금을 받겠습니다.
④ 새해에는 돈을 많이 모으겠습니다.
⑤ 새해에는 대기업에 취직하겠습니다.

Vocabulary & Expression

고궁

고궁 means ***an ancient palace***. It refers to a royal palace where kings resided in the past. The ancient palaces located in Seoul include Changgyeonggung, Gyeongbokgung, Changdeokgung, etc.

ex A: 주말에 뭐 했어요?
B: 동생하고 서울 시내에 있는 고궁을 구경했어요.

가까이

가까이 means ***near, close to***. On the other hand, 멀리 is a word indicating the state of being far away.

ex A: 이치로 씨, 집이 학교에서 멀어요?
B: 아니요. 학교 가까이 살아요. 걸어서 5분 걸려요.

ex A: 여러분, 모두들 이쪽으로 가까이 모이세요. 지금부터 입장권을 드리겠습니다.
B: 네, 선생님.

여쭤 보고

여쭤 보고 means ***asking (a question) to someone older or superior in rank***. 여쭤 보다 is the honorific form of 물어보다. It can be used interchangeably with 여쭙다.

ex A: 모르는 게 있으면 선생님께 여쭤 보세요. 선생님이 잘 가르쳐 주실 겁니다.
B: 네, 그럴게요.

Functional Expression

- **Asking which product someone likes or wants**

When asking someone which product he/she likes or wants, expressions such as 어떤 게 좋으세요?, 어떤 게 마음에 드세요?, or 어떤 상품이 괜찮으세요? are used.

ex A: 어떤 게 좋으세요? / 어떤 게 마음에 드세요? /
어떤 상품이 괜찮으세요? / 어떤 걸로 하시고 싶으세요?
B: 전 이게 제일 마음에 듭니다.

Reading Tip

Reading out an email address

When reading out an email address, the letters are read one by one. The symbol @ is usually read as 골뱅이 because it resembles the shape of a snail. The period is read as 점.

ex me1234@ewha.ac.kr
(엠이일이삼사 골뱅이 이더블유에이치에이점 에이씨점 케이알)

Dialogue

Clerk	Welcome! May I help you?
Michael	Well, I'd like some tour information.
Clerk	Please, have a seat. Foreign tourists mostly choose the Ancient Palace Tour or the City Tour program. Which one do you like?
Michael	Let me see. What do we see on the Ancient Palace Tour?
Clerk	The Ancient Palace Tour takes you to some of the old palaces in Seoul. After looking around Changgyeonggung, you go to Gyeongbokgung. At Gyeongbokgung, you can have your picture taken wearing *hanbok*, which is traditional Korean costume. And then you head to Insa-dong nearby for sightseeing.
Michael	What about the City Tour?
Clerk	It begins with sightseeing in Myeong-dong and moves on to the *hanok* (traditional Korean house) village nearby. And then you go up to Seoul Tower by cable car. You can enjoy the beauiful night scenery of Seoul from there.
Michael	Do both programs offer a tour guide service? My parents can't speak Korean at all.
Clerk	Our tour guides will provide explanations in English.
Michael	I see. I'll decide after asking my parents' opinion. By the way, could you send me the details by email?
Clerk	Yes, give me your name and email address.
Michael	My name is Michael and my email address is michael@ewha.ac.kr
Clerk	Alright. Thank you! Good bye.

Answers

(1) ③

Michael is at the travel agency to get information on tours around Seoul for his parents.

(2) 고궁 투어: 인사동 관광하기　시내 투어: 한옥 마을 구경하기

The last stop on the Ancient Palace Tour is sightseeing in Insa-dong near Gyeongbokgung. As for the City Tour, after looking around Myeong-dong, tourists will visit a *hanok* village nearby.

(3) ① 네　② 아니요　③ 네

After receiving information on the available tours, Michael said he would make a decision after asking his parents' opinion. Then, giving his email address, he asked the clerk to send him the tour details by email.

Vocabulary & Expression

계획을 세울까요?

계획을 세울까요? means ***shall we make a plan?*** 계획을 만들다 and 계획을 짜다 have the same meaning as 계획을 세우다.

ex A: 우리 지금 여행 계획을 세울까요?
B: 네, 좋아요. 지금 해요.

ex A: 부장님, 제가 지난번에 만든 출장 계획은 어떠셨어요?
B: 네, 좋았어요. 그대로 해 보세요.

ex A: 우리 지금 마이클 씨 송별회 계획을 짜요.
B: 좋아요. 이번 토요일 오후에 하는 게 어때요?

Functional Expression

- **Saying you will make a hotel reservation**

When you say you will book a hotel, you can say 제가 예약할게요, 제가 예약을 맡을게요, or 예약은 제가 하겠습니다.

ex A: 호텔은 예약했어요?
B: 아니요. 지금 제가 예약할게요. /
아니요. 제가 예약을 맡을게요. /
아니요. 예약은 제가 하겠습니다.

Dialogue

Wang Kai	Hi, Ichiro! We're going on a trip next weekend, aren't we? Shall we plan our trip now?
Ichiro	Sure. Where do you want to go, Wang Kai? What about Mt. Seoraksan? I haven't been to Mt. Seoraksan yet.
Wang Kai	What do people usually do at Mt. Seoraksan?
Ichiro	We can see the autumn leaves. We can also go and look at the ocean after a short bus ride.
Wang Kai	Really? Sounds good. Let's go to Mt. Seoraksan.
Ichiro	How many nights do you want to stay there?
Wang Kai	I think two nights would be good.
Ichiro	But a lot of people will be going there on the weekend to see the autumn leaves. Let's hurry up and make a hotel reservation.
Wang Kai	Okay, I'll make the hotel reservations. You can book the bus tickets.

p.86

Vocabulary & Expression

서울을 떠났다

서울을 떠났다 means ***(we) left Seoul***. 떠나다 means leaving one place for another. Accordingly, 서울을 떠났다 means one has left Seoul to go somewhere else.

ex A: 수잔 씨는 몇 시 비행기로 서울을 떠났어요?
B: 오늘 아침 9시 비행기로 갔어요.

ex A: 마이클 씨, 이번 여행은 유럽 어디로 떠날 거예요?
B: 독일과 스위스에 다녀오려고요.

짐을 풀고

짐을 풀고 means ***to unpack one's luggage***. The verb 풀다 refers to restoring something that has been tied, wound, tangled, or mixed to its original condition. Therefore, 짐을 풀고 is an expression meaning unpacking one's luggage, thus restoring one's belongings to the condition they were in before packing.

ex A: 민호 씨, 어제 이사했지요? 짐은 다 풀었어요?
B: 네, 친구들이 도와줘서 정리는 거의 다 했어요.

ex A: 수잔 씨, 우리 시내 구경부터 할까요?
B: 먼저 숙소에서 짐을 풀고 시내 구경가는 게 어때요?
A: 좋아요. 그렇게 해요.

해돋이

해돋이 means ***sunrise***. It refers to the time or the event of the sun rising. 해돋이 is pronounced as [해도지].

ex A: 오늘 새벽에 산에 올라갔을 때 해돋이도 봤어요?
B: 네. 해가 뜨는 게 정말 멋있었어요.

ex A: 강원도에 있는 정동진은 뭐가 유명해요?
B: 해돋이로 유명해요. 그래서 새해가 되면 거기로 해돋이를 보러 가는 사람이 많아요.

Pronunciation

Tensification

When ㅂ,ㄷ,ㅅ,ㅈ,ㄱ are followed by the final consonants [ㅂ], [ㄷ], [ㄱ], they are pronounced as [ㅃ], [ㄸ], [ㅆ], [ㅉ], [ㄲ]. For example, 먹고 is pronounced as [먹꼬], 학생 as [학쌩], and 꽃집 as [꼳찝].

ex 갔다[갇따], 숙소[숙쏘], 호숫가[호숟까], 찍었다[찌걷따], 산책했다[산채캗따]

Text

A Trip to Gyeongju

This vacation, I went to Gyeongju with my friend. Planning to stay there for three days and two nights, we left Seoul early in the morning.

Upon arriving in Gyeongju, my friend said, "Is there anything interesting downtown? Why don't we take a look around the city first?" But I was tired because of our long bus ride and said, "Let's go to the hotel first to unpack and take a rest. So we rested for a while at the hotel and then went to the lake nearby. On the way we took a picture under the cherry trees. Then we walked along the lakeside.

At dawn next day, we climbed up Mt. Tohamsan to view the sunrise. A lot of people were already up there. But unfortunately, we didn't get to see the sun rise because it was cloudy. We walked some way down the mountain to see Bulguksa Temple.

On our last day we visited the museum in downtown Gyeongju. [A] As a lot of historic sites and cultural heritage remain throughout the city, Gyeongju has many things to see. [B] The museum was filled with many ancient artifacts and cultural properties. [C] Although there were still a lot of other things to see in Gyeongju, we ran out of time. With regret, we started off for Seoul. If I get the chance, I will visit Gyeongju again.

Answers

(1) ① 네　② 아니요　③ 아니요

They stayed in Gyeongju for two nights. They were there for a total of three days. As time was short, they could not see all the historic sites. They were sorry to leave when there was still so much to see.

(2) ②

그래서 is preceded by a cause or a reason and followed by the result. Among the historic sites, they saw the biggest royal tomb and then headed to the museum because Gyeongju is filled with historic sites and cultural heritage.

(3) ②, ④, ③

This passage is organized according to time. First they walked along the lakeside. Then they went up to Mt. Tohamsan to see the sunrise. Afterwards, they went to Bulguksa Temple and lastly they visited the museum.

Vocabulary Check

▶ **Tick off the words and expressions that you know.**

여행 준비 — **Preparations for Travel**

- ☐ 계획을 바꾸다 — to change a plan
- ☐ 계획을 세우다 — to make a plan
- ☐ 교통편을 알아보다 — to arrange transportation
- ☐ 비행기 좌석을 예약하다 — to book a flight
- ☐ 서울을 떠나다 — to leave Seoul
- ☐ 숙소를 예약하다 — to book accommodation
- ☐ 숙소를 찾다 — to look for accommodation
- ☐ 여행 가방을 싸다 — to pack one's luggage
- ☐ 여행비를 모으다 — to save money for travel
- ☐ 여행사에 문의하다 — to consult a travel agency
- ☐ 예약을 확인하다 — to confirm a reservation
- ☐ 일정을 변경하다 — to change the itinerary
- ☐ 짐을 싸다 — to pack one's bag
- ☐ 짐을 챙기다 — to gather one's things

여행지에서 — **At a Travel Destination**

- ☐ 그림을 관람하다 — to view a painting
- ☐ 기념사진을 찍다 — to take a souvenir photograph
- ☐ 기념품을 사다 — to buy a souvenir
- ☐ 단풍 구경을 하다 — to view the autumn leaves
- ☐ 민속 마을에 가다 — to go to a folk village
- ☐ 벚꽃 구경을 하다 — to view the cherry blossoms
- ☐ 숙소에서 묵다 — to stay in accommodations
- ☐ 야경을 보다 — to see a nightscape or night view
- ☐ 유명한 음식을 먹다 — to eat a famous dish
- ☐ 유적지를 구경하다 — to visit a historic site
- ☐ 일광욕을 하다 — to sunbathe
- ☐ 전통 공연을 보다 — to watch a traditional performance
- ☐ 짐을 풀다 — to unpack
- ☐ 차를 빌리다 — to rent a car
- ☐ 케이블카를 타다 — to ride a cable car
- ☐ 해돋이를 구경하다 — to see the sunrise
- ☐ 해수욕을 하다 — to swim in the sea
- ☐ 호텔에서 숙박하다 — to stay at a hotel

여행 — **Travel**

- ☐ 고궁 투어 — ancient palace tour
- ☐ 단체 여행 — group tour
- ☐ 배낭여행 — backpacking
- ☐ 세계 일주 여행 — trip around the world
- ☐ 수학여행 — school trip
- ☐ 신혼여행 — honeymoon

PART1 준비합시다 01 • –(는)군요

p.92

Grammar Focus

–(는)군요 is used to show admiration or surprise at a fact that you have just found out. It is said at the moment you observe a particular situation or hear something new. It is attached to an adjective or verb, and –군요 is used with adjectives while –는군요 with verbs. In the case of the past tense form, if the last vowel of the word stem is ㅏ or ㅓ –았군요 is used, while –었군요 is used with all the other vowels. –겠군요 is used either for the future tense or to make an assumption about a person's state or action based on details one has heard. It cannot be used when the subject of the sentence is in the first person.

Basic form	–(는)군요	–았/었군요	–겠군요
기쁘다	기쁘군요	기뻤군요	기쁘겠군요
많다	많군요	많았군요	많겠군요
가다	가는군요	갔군요	가겠군요
먹다	먹는군요	먹었군요	먹겠군요
만들다	만드는군요	만들었군요	만들겠군요
듣다	듣는군요	들었군요	듣겠군요
짓다	짓는군요	지었군요	짓겠군요
주부(이)다	주부(이)군요	주부였군요	주부(이)겠군요
학생이다	학생이군요	학생이었군요	학생이겠군요

ex A: 사과 한 개에 삼천 원입니다.
B: 사과 값이 비싸군요. 좀 깎아 주세요.

ex A: 이 사진 좀 보세요. 초등학교 때 저예요.
B: 와! 정말 예뻤군요.

ex 마이클 씨가 키가 크군요. (○)
저는 키가 크군요. (×)
나타샤 씨는 책을 많이 읽는군요. (○)
저는 책을 많이 읽는군요. (×)

ex A: 이 그림은 제가 그렸어요.
B: 그림을 아주 잘 그리는군요.

ex A: 어제 이사를 했는데 저 혼자 짐을 다 옮겼어요.
B: 정말 힘들었겠군요.

ex A: 일주일 동안 열심히 공부했어요.
B: 오늘 시험을 잘 보겠군요.

Answers

① 한복이 화려하군요.
② 밖에 눈이 오는군요.
③ 감기에 걸렸군요.
④ 오늘 왕카이 씨 생일이군요.

Grammar Focus

-(으)ㄴ 적이 있다 is used to say that you have past experience of something. The negative form is -(으)ㄴ 적이 없다. It is attached to a verb, and if the verb stem ends in a consonant -은 적이 있다 is used, while -ㄴ 적이 있다 is used if it ends in the consonant ㄹ or a vowel. It can be used with -아/어 보다 (See 「이화 한국어 1-2」 Chapter 15, p.132), which indicates trying something out and is often used in the form of -아/어 본 적이 있다.

Basic form	-(으)ㄴ 적이 있다 / 없다	Basic form	-(으)ㄴ 적이 있다 / 없다
가다	간 적이 있다 / 없다	돕다	도운 적이 있다 / 없다
읽다	읽은 적이 있다 / 없다	듣다	들은 적이 있다 / 없다
만들다	만든 적이 있다 / 없다	짓다	지은 적이 있다 / 없다

ex A: 휴대 전화를 잃어버린 적이 있어요?
B: 네, 화장실에 놓고 나온 적이 있어요. 청소 아주머니가 찾아 주셨어요.

ex A: 한복을 입은 적이 있어요?
B: 아니요, 아직 없어요.

ex A: 삼계탕을 먹어 본 적이 있어요?
B: 아니요, 아직 먹어 본 적이 없어요.

Focus Plus

- -아/어 봤다, which is a past tense form of -아/어 보다, can also be used to indicate past experience of a certain action.

  ex A: 대학교 때 아르바이트를 한 적이 있어요?
  (= 해 봤어요)

  ex B: 네. 영화관에서 아르바이트를 했어요.

Answers

① A: 고등학교 때 1등을 한 적이 있습니까?
B: 아니요. 1등을 한 적이 없습니다. 고등학교 때 성적이 별로였습니다.

② A: 고등학교 때 성인 영화를 본 적이 있습니까?
B: 네. 성인 영화를 본 적이 있습니다. 친구 집에서 봤습니다.

③ A: 고등학교 때 외모 때문에 고민을 한 적이 있습니까?
B: 네. 외모 때문에 고민을 한 적이 있습니다. 키가 작았기 때문입니다.

④ A: 고등학교 때 혼자서 멀리 여행을 한 적이 있습니까?
B: 아니요. 혼자서 멀리 여행을 한 적이 없습니다. 항상 가족과 여행을 했습니다.

⑤ A: 고등학교 때 학교에 가기 싫어서 안 간 적이 있습니까?
B: 아니요. 학교에 가기 싫어서 안 간 적이 없습니다.

Vocabulary & Expression

우리 호텔에 지원해 주셔서 감사합니다

우리 호텔에 지원해 주셔서 감사합니다 means ***we appreciate your interest in applying for a job at our hotel***. It is a greeting to show appreciation to the applicant for applying for a position as an employee at the hotel. -아/어서 감사합니다/고맙습니다 is a greeting that shows gratitude.

ex 우리 가게에 와 주셔서 고맙습니다.　ex 저희 회사에 지원해 주셔서 감사합니다.
ex 오늘도 저희 백화점을 이용해 주셔서 감사합니다.

몇 가지

몇 가지 means ***some kinds, a few types***. 가지 is used to count things according to features or type. 몇 가지 indicates a small number, two or more, and usually around three.

ex A: 몇 가지 궁금한 것이 있는데 질문해도 돼요?
B: 네, 괜찮아요. 물어보세요.

ex A: 학교에서 신촌까지 어떻게 가요?
B: 두 가지 방법이 있어요. 걸어서 가거나 버스를 타면 돼요.

호텔을 알리는 일

호텔을 알리는 일 means ***hotel publicity***. It refers to the job of publicizing a hotel. In this expression, 알리다 means 'to introduce something to others.' It is usually used in the form of N에/에게 N을/를 알리다.

ex A: 요즘 무슨 일을 해요?
B: 여행 잡지에 저희 호텔을 알리는 일을 하고 있어요.

ex A: 이게 무슨 포스터예요?
B: 아, 학생들에게 동아리 모집을 알리는 포스터예요.

Functional Expression

- **Asking what made someone have an interest in something**

When you ask how a person came to have an interest in something, you can say N에 어떻게 관심이 생겼습니까?, N에 어떻게 관심을 갖게 되었습니까?, N에 관심을 갖게 된 계기가 무엇입니까?

ex A: 한국 문화에 어떻게 관심이 생겼습니까? /
한국 문화에 어떻게 관심을 갖게 되었습니까? /
한국 문화에 관심을 갖게 된 계기가 무엇입니까? /
무엇 때문에 한국 문화에 관심을 갖게 되었습니까?
B: 일본에서 한국 드라마를 많이 봤습니다. 그때부터 한국 문화에 관심이 생겼습니다.

Script

Interviewer	We appreciate your interest in applying for a job at our hotel. Let me ask Ms. Yoko a few questions. How long have you been in Korea?
Yoko	I've been here over half a year.
Interviewer	What have you been doing during your stay here?
Yoko	I studied Korean and did some volunteer work helping senior citizens living alone.
Interviewer	You graduated from a university in Japan. Did you major in Korean?
Yoko	No, I majored in English.
Interviewer	Then you must be good at English as well. But, have you ever worked at a hotel?
Yoko	No, I worked at a travel agency before. Also in college, I worked part time doing translation.
Interviewer	I see. Then how did you become interested in working at a hotel?
Yoko	On my travels, I stayed at various hotels. That's when I started to become interested in hotels.
Interviewer	What type of work would you like to do at our hotel?
Yoko	I would like to promote this hotel to Japan.
Interviewer	I see. We'll get back to you by tomorrow.

Answers

(1)

면접 결과

지원자: 아마다 요코　날짜: 9월 3일

경험
- [x] 봉사 활동을 한 적이 있다.
- [ ] 호텔에서 일한 적이 있다.
- [x] 여행사에서 일한 적이 있다.
- [x] 번역 아르바이트를 한 적이 있다.

외국어 능력
- [x] 한국어
- [x] 영어
- [ ] 중국어

희망하는 일 일본에 호텔을 알리는 일

(2) ① 아니요　② 아니요　③ 아니요

Yoko has been in Korea for over 6 months. Her interest in hotels began not in Korea, but when she traveled to other places. Yoko is having a job interview since she wants to work at a hotel. She does not have a job yet.

p.96

Vocabulary & Expression

스키도 타고 돈도 벌 수 있어서 좋았겠군요

스키도 타고 돈도 벌 수 있어서 좋았겠군요 means that ***it must have been great skiing and making money at the same time***. It expresses the assumption that it must have been good for the other person to ski and make money at the same time. When you can benefit more than one way by doing something or when a situation has more than one advantage, you can say N도 -고 N도 -아/어서 좋다.

ex 오늘은 날씨도 맑고 시원한 바람도 불어서 좋네요.
ex 이 커피숍은 맛있는 커피도 마시고 조용히 책도 읽을 수 있어서 좋아요.

Functional Expression

- **Asking what type of part-time job someone is looking for**

  When you ask someone if there is any part-time work that he/she would like to try, you can say 어떤 아르바이트를 하고 싶어요?, 해 보고 싶은 아르바이트가 있어요?, 무슨 아르바이트를 해 보고 싶어요?, etc.

  ex A: 어떤 아르바이트를 하고 싶어요? /
  해 보고 싶은 아르바이트가 있어요? /
  무슨 아르바이트를 해 보고 싶어요?
  B: 서점에서 아르바이트를 해 보고 싶어요.

Dialogue

Natasha	Junyeong, what are you doing?
Han Junyeong	I'm looking for part-time work on the Internet. Have you ever worked part-time, Natasha?
Natasha	Of course. I used to work as a clerk at a shoe store when I was in college. After college, I was a tour guide and I also taught English at a private institute.
Han Junyeong	You've had a lot of part-time jobs, too. I've always worked during vacations as well. I worked as an usher at a theatre and taught skiing at a ski resort.
Natasha	It must have been great skiing and making money at the same time.
Han Junyeong	Yes, it was fun.
Natasha	But, Junyeong, what kind of part-time work do you want to do this vacation?
Han Junyeong	I'd like to teach kids English. What is it like?
Natasha	Teaching is fun and it's good since you can keep studying English as well.

01 • -는 동안

p.98

Grammar Focus

-는 동안 is used to indicate a period of time during which an action or state continues. It is attached to a verb, and whether the verb stem ends in a consonant or vowel, it maintains the same form. 에 can be attached to the end, as in -는 동안에.

Basic form	-는 동안	Basic form	-는 동안
오다	오는 동안	만들다	만드는 동안
배우다	배우는 동안	돕다	돕는 동안
먹다	먹는 동안	듣다	듣는 동안
읽다	읽는 동안	짓다	짓는 동안

ex A: 집에서 쉬는 동안 뭐 할 거예요?
B: 텔레비전을 볼 거예요.

ex A: 많이 기다렸지요? 늦어서 미안해요.
B: 괜찮아요. 마이클 씨를 기다리는 동안 책을 읽었어요.

ex A: 방이 정말 깨끗하군요.
B: 수진 씨가 음악을 듣는 동안 제가 청소했어요.

ex A: 한국에서 사는 동안에 특별히 하고 싶은 일이 있습니까?
B: 한국의 전통 춤을 배우고 싶습니다.

Focus Plus

- -는 동안 and -는 사이 are interchangeable. However, -는 동안 is used when something else is happening for the entire duration of a particular action or state. -는 사이 is used when something else happens for a short time in the middle of a continuous action or state.

ex 부모님께서 식사하시는 동안 동생을 돌봐요.
(= 식사하실 때 계속)

ex 부모님께서 식사하시는 사이에 동생을 돌봐요.
(= 식사하실 때 잠시)

Answers

① 나타샤 씨는 머리를 자르는 동안 잡지를 읽습니다.
② 미셸 씨는 친구 이야기를 듣는 동안 계속 눈물이 났습니다.
③ 장소이 씨는 한국에서 사는 동안 친구를 많이 사귀었습니다.
④ 제가 음식을 만드는 동안 동생이 아기를 돌봐 주었습니다.
⑤ 제가 이야기를 하는 동안 잠깐만 기다리세요.

Grammar Focus

-거든요 is used to briefly emphasize a reason. It is usually used to state a reason that you know but the other person does not know. It is used when you give the reason for your preceding statement or when answering a question. Therefore, it does not usually come at the beginning of a conversation. -거든요 is attached to an adjective or a verb, and whether the stem of the adjective or verb ends in a consonant or a vowel, it maintains the same form.

Basic form	-거든요	Basic form	-거든요	Basic form	-거든요
예쁘다	예쁘거든요	가다	가거든요	주부(이)다	주부(이)거든요
덥다	덥거든요	먹다	먹거든요	학생이다	학생이거든요

ex A: 왜 그렇게 졸아요? 많이 피곤해요?
B: 네, 피곤해요. 요즘 회사 일 때문에 너무 바쁘거든요.

ex A: 이치로 씨는 매운 김치찌개를 잘 먹네요.
B: 네, 정말 맛있어요. 저는 매운 음식을 좋아하거든요.

ex A: 백화점에 사람이 왜 이렇게 많아요?
B: 어제부터 세일을 시작했거든요.

ex A: 한국어 수업이 왜 좋아요?
B: 정말 재미있거든요.

ex 한국어 수업이 좋아요. 정말 재미있거든요. (○)
한국어 수업은 정말 재미있거든요. 한국어 수업이 좋아요. (×)

Answers

① A: 오늘 수업 후에 같이 점심을 먹을래요?
B: 미안해요. 오늘은 수업이 끝난 후에 집에서 쉴 거예요. 어제 잠을 못 잤거든요.

② A: 오늘 수업 후에 같이 점심을 먹을래요?
B: 미안해요. 오늘은 수업이 끝난 후에 쓰기 숙제를 해야 해요. 내일까지 숙제를 내야 하거든요.

③ A: 오늘 수업 후에 같이 점심을 먹을래요?
B: 미안해요. 오늘은 수업이 끝난 후에 도서관에 가야 해요. 다음 주에 시험이 있거든요.

④ A: 오늘 수업 후에 같이 점심을 먹을래요?
B: 미안해요. 오늘은 수업이 끝난 후에 영화를 보러 갈 거예요. 영화표를 예매했거든요.

⑤ A: 오늘 수업 후에 같이 점심을 먹을래요?
B: 미안해요. 오늘은 수업이 끝난 후에 병원에 갈 거예요. 감기에 걸렸거든요.

Grammar Focus

-(으)니까 is used to indicate that the content of a previous clause is the reason or grounds for the content of the following clause. It means that the following situation takes place because of the previous situation. It is attached to an adjective or a verb, and if the stem of the adjective or verb ends in a consonant -으니까 is used, while -니까 is used if it ends in the consonant ㄹ or a vowel. 까 can be omitted from the end.

Basic form	-(으)니까	Basic form	-(으)니까
바쁘다	바쁘니까	가다	가니까
넓다	넓으니까	먹다	먹으니까
멀다	머니까	듣다	들으니까
어렵다	어려우니까	짓다	지으니까

ex A: 제주도에 가면 어디에서 묵을까요?
B: 호텔이 편하니까 호텔에서 묵읍시다.

ex A: 학교까지 뭘 타고 갈 거예요?
B: 주말이라서 길이 막히니까 지하철을 타고 가는 게 어때요?

ex A: 이번 방학 때는 뭐 할 거예요?
B: 이번에는 방학이 기니까 일본에 있는 친구를 만나러 갈 거예요.

Focus Plus

- -(으)니까 and -아/어서 (See 「이화 한국어 1-2」 Chapter 10, p.56) can be used to talk about a reason. However, -(으)니까 is used to show your subjective feelings or thoughts or to express obvious and inevitable reasons, whereas -아/어서 is used to indicate a general reason. -(으)니까 is used in all four sentence types—declarative, interrogative, propositive, and imperative—whereas -아/어서 cannot be used in propositive or imperative sentences. Also, -(으)니까 can be combined with -았/었- to create the past tense form -았/었으니까. However, -아/어서 cannot be used in the past tense form -았/었어서.

ex 시간이 없으니까 빨리 갑시다. (○)
시간이 없어서 빨리 갑시다. (×)

ex 열심히 공부했으니까 시험 성적이 잘 나왔어요. (○)
열심히 공부했어서 시험 성적이 잘 나왔어요. (×)
열심히 공부해서 시험 성적이 잘 나왔어요. (○)

Answers

① A: 어디에 갈까요?
B: 경주는 구경할 것이 많으니까 경주에 갑시다.

② A: 누구와 같이 갈까요?
B: 미셸이 한국어를 잘하니까 미셸과 같이 갑시다.

③ A: 어디에서 만날까요?
B: 기차역은 복잡하니까 기숙사 앞에서 만납시다.

④ A: 어떻게 갈까요?
B: 주말에 길이 막히니까 기차로 갑시다.

⑤ A: 무엇을 가져갈까요?
B: 길을 잘 모르니까 지도를 가져갑시다.

Vocabulary & Expression

새로 개업한 식당

새로 개업한 식당 means ***a new restaurant***. It refers to a restaurant that has newly opened. 개업하다 means 'to start a new business.'

ex A: 이 식당은 정말 깨끗하고 좋군요.
B: 네. 지난달에 새로 개업한 식당이에요.

ex A: 배가 정말 아파요.
B: 그래요? 얼마 전에 근처에 개업한 병원에 한번 가 보세요.

생각보다 가격이 비싸지 않았어요

생각보다 가격이 비싸지 않았어요 means that ***it was not as expensive as I thought***. When you compare what you experienced with what you expected, you can use expressions such as 생각보다/생각에 비해서/생각한 것보다/생각한 것에 비해서.

ex A: 그 가게는 옷값이 비쌀 것 같아요.
B: 아니에요. 생각보다 가격이 비싸지 않았어요. 그래서 지난주에 원피스를 한 벌 샀어요.

ex A: 시험 잘 봤어요?
B: 아니요, 잘 못 봤어요. 시험이 생각한 것보다 더 어려웠어요.

포도주에 축하 노래까지요?

포도주에 축하 노래까지요? means ***wine and a birthday song too?***. It is a question confirming that what you got for free is wine and a birthday song. When you list things or people, you can say N에 N까지. If it is more than two things or people, you can say N에 N에 N까지.

ex A: 사라 씨 생일 파티 때 영민 씨가 사라 씨에게 포도주를 선물하고 직접 축하 노래를 불러 줬어요.
B: 와, 포도주에 축하 노래까지요?

ex A: 어제 이사했지요? 힘들지 않았어요?
B: 친구들이 많이 도와줘서 괜찮았어요. 우리 반 친구 다섯 명에 후배들까지 와서 많이 도와줬어요.

벌써부터 기대가 되는군요

벌써부터 기대가 되는군요 means ***I am already looking forward to it***. It indicates that a person is already looking forward to a scheduled event. When an anticipated event is scheduled, you can say 벌써부터 기대가 돼요, 벌써부터 신이 나요, etc.

ex A: 다음 주에 요코 씨가 좋아하는 가수의 콘서트가 있지요?
B: 네. 콘서트만 생각하면 벌써부터 기대가 되는군요.

Functional Expression

- **Telling someone you got something for free**

When you want to say that you got something for free, you can say 공짜였어요, 서비스로 줬어요, 무료로 받았어요, etc.

ex A: 그 커피숍에서 케이크도 샀어요?
B: 아니에요. 케이크는 공짜였어요. /
아니요. 케이크는 서비스로 줬어요. /
아니에요. 케이크는 무료로 받았어요. /
아니에요. 따로 돈 안 냈어요. 그냥 줬어요.

Script

Zhang Souyi	Tien, have you been to the new restaurant in front of the school gate?
Tien	No, I haven't been there yet. How about you? Have you been there?
Zhang Souyi	Yes, I went there with my friends last Friday. We had a birthday party for my friend there.
Tien	Did you? How was the food?
Zhang Souyi	The food and atmosphere were all great. Also, it was not as expensive as I thought. It was nice looking out the window and enjoying the night view of Seoul.
Tien	How about the service?
Zhang Souyi	All the staff were friendly. During the party, they took souvenir pictures for us, gave us a free bottle of wine, and sang "Happy Birthday" as well.
Tien	Wow, a bottle of wine and a birthday song? I'd love to go there.
Zhang Souyi	Really? I have a discount coupon I got last time. Do you want to go with me?
Tien	Yes, great. I'm already looking forward to it.

Answers

(1) 친구 생일 파티가 있었기 때문에

(2) ③
At the restaurant, Zhang Souyi could enjoy a night view of Seoul.

(3) ②

(4) ① 아니요 ② 네 ③ 네
The price of food at the restaurant was not as expensive as Zhang Souyi expected. When she went to the restaurant for her friend's birthday, she received a discount coupon. Zhang Souyi and Tien are going to go to the restaurant together to use the coupon.

Functional Expression

- **Telling as much as you know (about something)**

When you mention how much you know about something, you can use 거의, 별로, 아직, 어느 정도 in front of 알다/모르다. 거의 means 'almost,' or 'slightly less than everything.' 별로 means 'not particularly,' 'not very' and is used as in 별로 아는 게 없어요, 별로 모르는 게 없어요. 아직 means 'not yet,' indicating something needs more time to reach a certain state. 어느 정도 indicates a proper level and means 'somewhat'.

ex A: 나타샤 씨, 한국 요리에 대해서 잘 알아요?
B: 네, 한국 요리 수업을 1년 동안 들었어요. 그래서 어느 정도 알아요. /
네, 한국 요리 수업을 3년 동안 들었어요. 그래서 이제는 한국 요리를 거의 다 알아요.

ex A: 미셸 씨, 한국 요리에 대해서 잘 알아요?
B: 아니요. 한국 요리를 지난주부터 배웠어요. 그래서 거의 몰라요. /
아니요. 저는 요리에 관심이 없어요. 그래서 별로 아는 게 없어요. /
아니요. 아직 잘 몰라요. 한국 요리를 배운 지 한 달도 안 됐어요.

- **Asking about good places to shop**

When asking someone about good places to shop, 어디에서 사면 좋아요?, 어디에서 쇼핑하는 게 좋아요?, and 어디에 가면 살 수 있어요? can be used.

ex A: 한국 전통 기념품을 어디에서 사면 좋아요? /
어디에서 한국 전통 기념품을 쇼핑하는 게 좋아요? /
어디에 가면 멋있는 한국 전통 기념품을 살 수 있어요?
B: 인사동에 가 보세요.

Dialogue

Natasha	How are you? How's your life in Korea, Tien?
Tien	There's still a lot I don't know since I haven't been here for long. You've been living in Korea for quite a while Natasha, haven't you? How's the weather in winter?
Natasha	It snows a lot in winter and it is freezing. You really need heavy jackets, gloves, and mufflers while you are in Korea, so make sure you have some.
Tien	Really? I didn't bring any winter clothes from Vietnam. Where should I buy them?
Natasha	I usually shop at a discount store or traditional market. Department stores are quite expensive.
Tien	I see. Where's the discount store?
Natasha	It's near Shinchon station. It's about a 5-minute walk.
Tien	I see. I'll go and take a look. Thanks a lot.
Natasha	No problem. If there's anything you want to know, just ask me anytime.

Vocabulary & Expression

시원하다

시원하다 means ***it is cool and refreshing***. It means that something is neither hot nor cold, but moderately cool. You can use 시원하다 to describe something that is just the right degree of cold to eat or so hot that it hits the spot, or to describe your feelings when you are relieved from worries.

ex A: 한국의 가을 날씨가 어때요?
B: 바람이 불고 시원해요.

ex A: 콜라가 정말 시원하네요.
B: 네. 방금 냉장고에서 꺼냈어요.

ex A: 여름에 왜 삼계탕을 먹어요? 덥지 않아요?
B: 아니에요. 뜨거운 국물을 먹으면 속이 정말 시원해요.

ex A: 무슨 기분 좋은 일 있어요?
B: 네. 오늘 밀린 숙제를 다 냈어요. 정말 시원해요.

당연히

당연히 means ***rightly***, ***of course***, ***naturally***. It is used to indicate that the way something is considering what came before and after an event is the way it should be.

ex A: 한국어로 말하기가 어려워요.
B: 한국어 공부를 시작한 지 한 달밖에 안 됐으니까 당연히 어렵지요.

ex A: 일이 많아서 힘들겠어요. 제가 좀 도와 드릴까요?
B: 괜찮아요. 제 일이니까 당연히 제가 해야 돼요.

ex A: 시험 공부를 정말 열심히 하는군요.
B: 그럼요. 좋은 점수를 받고 싶으니까 당연히 열심히 공부해야 돼요.

밀린 빨래

밀린 빨래 means ***the piled up laundry***. It indicates laundry that has been left to pile up. 밀리다 is used when tasks or objects are left unhandled and accumulate over time.

ex A: 나타샤 씨, 오늘 저녁에 뭐 할 거예요?
B: 너무 바빠서 어제부터 빨래를 못 했어요. 밀린 빨래를 해야 돼요.

ex A: 마이클 씨, 왜 아직 퇴근하지 않았어요?
B: 일이 많이 밀려서요.

Pronunciation

nasalization

When final consonants such as ㅂ, ㅃ, ㅍ, ㄷ, ㄸ, ㅌ, ㄱ, ㄲ, ㅋ meet ㅁ, ㄴ, the pronunciation changes to ㅁ, ㄴ, ㅇ. This is called 'nasalization.'

ex 국물[궁물], 한국말[한궁말], 한국 문화[한궁무나]

Text

Cool and Refreshing?

Hello everyone! When you work out and drink something cool, what do you usually say? You probably say, 'It's cool and refreshing.' The expression we know, '시원하다,' is used to describe a beer or coke you just took from the refrigerator, or a cool wind from an air conditioner.

But the other day I had a strange experience. I went to a public bath house. One man was walking in the hot tub and said, '아, 시원하다.' So when I heard him say that, I went in the water too. I was shocked, and screamed, 'Oh no, it's hot!' because the water was really hot.

I had another similar experience. I went to a restaurant with my classmates. While we were eating, a guy at a nearby table who was drinking hot soup said, '아, 시원하다.' The soup was hot for sure. It was really strange. I had learned that '시원하다' refers to something cold. But why would Korean people say '시원하다' for something hot? Have you ever had a similar experience?

I am not very fluent in Korean since I haven't been in Korea for a long time. From now on, when I learn Korean I would like to gradually understand Koreans' thoughts and their culture.

Answers

(1) ③

In Michael's view, something cool is something like a drink from the fridge or the cool air from an air conditioner.

(2) ① 아니요 ② 네

The man was speaking to himself and did not say, 'The water is cold.' Michael still does not know why Korean people say '시원하다' when they immerse themselves in hot water or drink something hot.

(3) 아저씨 한 분이 물에서 "아, 시원하다"라고 말했습니다. 그래서 마이클 씨가 물에 들어갔는데 물이 차갑지 않고 뜨거워서 놀랐습니다.

Vocabulary Check

▶ **Tick the words and expressions that you know.**

회사 종류	Type of Company
☐ 건설 회사	construction company
☐ 광고 회사	advertising agency
☐ 무역 회사	trading company
☐ 방송사	broadcasting company
☐ 보험 회사	insurance company
☐ 식품 회사	food company
☐ 신문사	newspaper company
☐ 여행사	travel agency
☐ 자동차 회사	automobile company
☐ 잡지사	magazine company
☐ 증권 회사	brokerage firm
☐ 컴퓨터 회사	computer company
☐ 항공사	airline

입사 시험	Employment Exam
☐ 결과를 기다리다	to wait for the results
☐ 긴장이 되다	to get nervous
☐ 긴장하다	to be (get) nervous
☐ 대기하다	to wait for, to stand by
☐ 면접 시험에 떨어지다	to fail an interview
☐ 면접 시험에 붙다	to pass an interview
☐ 면접 시험에 합격하다	to pass an interview
☐ 면접 시험을 보다	to do a job interview
☐ 서류를 내다	to submit a document
☐ 질문에 대답하다	to answer a question
☐ 필기시험을 보다	to take a written test

아르바이트 경험	Part-time Job Experience
☐ 관광 안내하기	to work as a tour guide
☐ 물건 팔기	to sell goods
☐ 번역하기	to translate
☐ 병원에서 서류 정리하기	to organize (file) documents in a hospital
☐ 서점에서 점원으로 일하기	to work as a clerk in a book store
☐ 스키 가르치기	to give a skiing lesson
☐ 식당에서 종업원으로 일하기	to serve in a restaurant
☐ 신문 배달하기	to deliver newspapers
☐ 아이 돌보기	to babysit
☐ 영어 가르치기	to teach English
☐ 주차 안내하기	to guide visitors to available parking spots
☐ 커피 전문점에서 일하기	to work in a coffee shop
☐ 컴퓨터 회사에서 일하기	to work for a computer company
☐ 홈페이지 만들기	to make a web homepage

PART1 준비합시다 01 • –도록

p.110

Grammar Focus

–도록 is used to indicate that the previous clause is a goal, criteria, or reason of the following clause. It is usually used to give advice or instruction. It is attached to an adjective or a verb, and whether the stem of the adjective or verb ends in a consonant or a vowel, it maintains the same form.

Basic form	–도록	Basic form	–도록
가다	가도록	듣다	듣도록
입다	입도록	낫다	낫도록
살다	살도록	건강하다	건강하도록
돕다	돕도록	늦지 않다	늦지 않도록

ex A: 미안하지만 제가 이해할 수 있도록 다시 한번 말해 주세요.
B: 네, 알겠어요.

ex A: 유키 씨 오늘 또 수업에 늦었군요.
B: 죄송합니다. 다음부터는 수업에 늦지 않도록 일찍 올게요.

ex A: 감기에 걸려서 몸이 아파요.
B: 그럼 감기가 빨리 낫도록 병원에 가 보세요.

Focus Plus

- –도록 하다 is used to give an order or suggest that the listener do something.

ex A: 교실 안에서 담배를 피우지 않도록 하세요.
B: 네, 알겠습니다.

ex A: 이번 학기에는 열심히 공부하도록 합시다.
B: 네. 이번 학기에는 책도 많이 읽고 숙제도 열심히 할 거예요.

Answers

① A: 티엔 씨, 왜 그래요? 어디 아파요?
B: 네, 밤에 잠을 못 잤어요.
A: 그래요? 푹 잘 수 있도록 포도주를 한잔 드세요.

② A: 티엔 씨, 왜 그래요? 어디 아파요?
B: 네, 요즘 소화가 잘 안 돼요.
A: 그래요? 소화가 잘 되도록 커피나 기름진 음식을 피하세요.

③ A: 티엔 씨, 왜 그래요? 어디 아파요?
B: 네, 칼에 손을 베었어요.
A: 상처가 덧나지 않도록 소독약을 바르세요.

④ A: 티엔 씨, 왜 그래요? 어디 아파요?
B: 네, 오래 서 있어서 다리가 부었어요.
A: 다리가 붓지 않도록 따뜻한 물로 마사지하세요.

⑤ A: 티엔 씨, 왜 그래요? 어디 아파요?
B: 컴퓨터를 많이 해서 눈이 피곤해요.
A: 눈이 피곤하지 않도록 컴퓨터를 끄고 쉬세요.

Grammar Focus

-(으)려면 is used to assume a situation where a person has the intention of doing a certain thing. It is attached to a verb, and if the stem of the verb ends in a consonant -으려면 is used, while -려면 is used if it ends in the consonant ㄹ or a vowel.

Basic form	-(으)려면	Basic form	-(으)려면
가다	가려면	만들다	만들려면
마시다	마시려면	돕다	도우려면
입다	입으려면	듣다	들으려면
먹다	먹으려면	낫다	나으려면

ex A: 한국말을 빨리 배우고 싶어요. 어떻게 하면 좋아요?
B: 한국말을 빨리 배우려면 한국 사람들과 많이 이야기하세요.

ex A: 제주도를 여행하려면 돈이 얼마나 들까요?
B: 글쎄요. 얼마 동안 여행할 거예요?

ex A: 운동하기 전에 준비 운동을 꼭 해야 돼요?
B: 네, 운동 중에 다치지 않으려면 준비 운동을 꼭 해야 돼요.

ex A: 한국 뉴스 프로그램을 들으려면 어떻게 공부해야 돼요?
B: 한국어 CD를 매일 듣고 한국 뉴스도 매일 들어 보세요.

ex A: 요즘 살을 빼려고 식사를 거의 안 하고 운동만 하고 있어요.
B: 건강하고 예쁜 몸을 만들려면 식사를 하면서 운동해야 돼요.

ex A: 감기가 빨리 낫지 않아서 걱정이에요. 어떻게 하면 빨리 나아요?
B: 감기가 빨리 나으려면 약을 먹고 잘 쉬어야 해요.

Answers

① A: 어떻게 하면 가구를 싸게 살 수 있어요?
B: 가구를 싸게 사려면 가구 시장에 가 보고 생활 정보지를 찾아보세요.

② A: 어떻게 하면 3,000만원을 모을 수 있어요?
B: 3,000만원을 모으려면 돈을 절약하고 카드 사용을 줄이세요.

③ A: 어떻게 하면 좋은 일자리를 구할 수 있어요?
B: 좋은 일자리를 구하려면 아르바이트 경험을 쌓고 외국어 공부를 하세요.

④ A: 어떻게 하면 사진을 잘 찍을 수 있어요?
B: 사진을 잘 찍으려면 사진 찍는 방법을 배우고 좋은 사진기도 사세요.

⑤ A: 어떻게 하면 밥을 잘 지을 수 있어요?
B: 밥을 잘 지으려면 물의 양을 잘 맞추고 불을 잘 조절하세요.

Vocabulary & Expression

진료

진료 refers to medical examination and treatment by a doctor. Related expressions are 진료가 있다/없다, 진료(를) 받다, 진료(를) 하다, etc. A word similar to 진료 is 진찰. 진찰 refers to a doctor's examination of a patient's disease or condition for medical treatment. It is used as in 진찰(을) 하다 or 진찰(을) 받다. The room where a doctor examines and treat patients is called 진료실 or 진찰실.

ex A: 김민수 선생님께 진료를 받고 싶은데요. 오늘 진료 있으세요?
B: 아니요. 오늘은 김 선생님께서 진료가 없습니다.

ex A: 토요일에도 진료를 합니까?
B: 네. 그런데 토요일은 오후 5시까지 진료합니다.

ex A: 요즘 머리도 계속 아프고 몸이 너무 안 좋아요.
B: 그래요? 그럼 빨리 병원에 가서 진찰 받아 보세요.

ex A: 진찰실이 어디에 있지요?
B: 진료실은 병원 3층 301호에 있어요.

얼굴에 뭐가 나서 가려워요

얼굴에 뭐가 나서 가려워요 means ***my face broke out and it itches***. It indicates that something like pimples or a rash has broken out on the face and makes the person want to scratch the itchy parts. 나다 in 얼굴에 뭐가 나다 means that something appears on the skin's surface. 가렵다 is an uncomfortable itchy sensation that makes you want to scratch the skin.

ex A: 미셸 씨, 오늘 화장을 안 하고 왔군요.
B: 네. 얼굴에 뭐가 나서 가려워서요.

ex A: 어머, 피부가 빨갛고 피부에 뭐가 났네요.
B: 네, 그래서 가끔 가려울 때도 있어요.

가벼운 화장

가벼운 화장 means ***light makeup***. It refers to makeup that is not too heavy but light and fresh. When you talk about the level of makeup, you can say 화장이 가볍다, or 화장이 엷다 for light makeup, and 화장이 진하다, 화장이 두껍다, or 화장이 짙다 for heavy makeup.

ex A: (피부과에서 진료 받은 후에) 내일 화장을 해도 돼요?
B: 네, 가벼운 화장은 괜찮습니다.

ex A: 내일 회사 면접이 있어요. 화장을 하고 가야 하나요?
B: 네, 하지만 너무 진한 화장은 하지 마세요.

Functional Expression

- **Saying that it is possible to make an appointment with the doctor**

When you want to say that it is possible to make an appointment to see the doctor, you can say 됩니다, 가능합니다, 진료 받을 수 있습니다, etc.

ex A: 내일 진료 받을 수 있나요?
B: 그럼요. 내일 됩니다. /
네, 내일 가능합니다. /
네, 내일 진료 받을 수 있습니다.

Script

Nurse	Hope Dermatology.
Park Hyeonmi	If I go now, can I see Dr. Kim Minsu for a check-up?
Nurse	He is not in today. He comes in on Monday, Wednesday, and Friday only.
Park Hyeonmi	Then can I make an appointment for 2 p.m. tomorrow?
Nurse	2 o'clock on Friday? I'm sorry but he is booked for surgery. If you want to see him on Friday, he is only available after 3.
Park Hyeonmi	Then could you make it 3 o'clock?
Nurse	Alright. By the way, what do you want to see him for?
Park Hyeonmi	My face broke out and it itches.
Nurse	Really? Can I have your name and phone number please?
Park Hyeonmi	Park Hyeonmi. My phone number is 010-6225-6105.
Nurse	Alright. I made a reservation for you at 3 pm on Friday afternoon. If you're late, you might have to wait for quite a while, so make sure you come on time. Please give us a call at least 30 minutes beforehand if you need to cancel your appointment. You can cancel only by telephone.
Park Hyeonmi	Can I leave my make-up on?
Nurse	Light make-up is okay.
Park Hyeonmi	Okay. Thank you.

Answers

(1) ③

The doctor is not in the office today. So Park Hyeonmi cannot not be examined by the doctor today.

(2) ① 아니요 ② 아니요 ③ 아니요

Park Hyeonmi is going to see the doctor at 3 o'clock on Friday afternoon. She wants to see the doctor because her face broke out and it itches. The nurse told her that she might have to wait a while if she is late for the appointment. However, it is not known if she has to wait for longer than 3 hours.

(3) ①

Since cancellation is permitted only by telephone, the clinic should be contacted by phone.

Vocabulary & Expression

어디 봅시다

어디 봅시다 means ***let me have a look***. It is something that a doctor says before checking the patient's condition. It means the doctor will check where it hurts. 한번 봅시다 can also be used instead.

ex A: 며칠 전부터 목도 아프고 콧물이 나요.
B: 어디 봅시다. (진찰 후) 목이 많이 부었군요.
(= 한번 봅시다)

이틀

이틀 means ***two days***. Counting days in Korean is shown in the following table.

1일	하루	4일	나흘	7일	이레	10일	열흘
2일	이틀	5일	닷새	8일	여드레	15일	보름
3일	사흘	6일	엿새	9일	아흐레		

ex A: 약을 얼마 동안 먹어야 해요?
B: 약을 이틀 정도 먹으면 나을 겁니다.

ex A: 요가를 시작한 지 얼마나 됐어요?
B: 열흘 됐어요.

한 2, 3일

한 2, 3일 means ***approximately 2 or 3 days***. 한 is an approximate estimate and is used in front of nouns that represent numbers.

ex A: 옆집 사람이 이사 온 지 얼마나 됐어요?
B: 한 2, 3일쯤 된 거 같아요.

ex A: 다이어트는 잘 되고 있어요?
B: 네. 한 달 전보다 몸무게가 한 5킬로그램 정도 빠졌어요.

푹 쉬세요

푹 쉬세요 means ***make sure you get a good rest***. It is used to advise someone to rest well. 푹 is used with verbs such as 자다, 쉬다 and describes a person fast asleep or resting completely to relieve tiredness.

ex A: 주말에 잘 쉬었어요?
B: 네. 주말에 푹 쉬어서 아주 기분이 좋아요.

ex A: 마이클 씨, 감기는 좀 어때요?
B: 아직 몸에 열이 있고 기침도 나네요. 오늘은 좀 일찍 집에 들어가서 푹 자야겠어요.

Functional Expression

- **Asking and answering when symptoms started**

In order to ask when the symptoms first appeared, you can say 언제부터 아팠어요?, 언제 처음 아팠어요?, 언제부터 아프기 시작했어요?, 아프기 시작한 때가 언제예요?, 언제부터 이런 증상이 있었어요?, etc.

ex A: 언제부터 아팠어요? /
언제 처음 아팠어요? /
언제부터 아프기 시작했어요? /
아프기 시작한 때가 언제예요? /
언제부터 이런 증상이 있었어요?
B: 한 일주일 전부터요. /
한 일주일 전부터 아팠어요.

- **Talking about matters that require attention**

When you talk about matters that require attention, you can use expressions such as -도록 하세요, -는 게 좋아요, -는 건 좋지 않아요, -도록 -(으)세요, etc.

ex A: 감기가 빨리 나으려면 어떻게 해야 돼요? /
감기에 걸렸을 때 주의해야 할 게 뭐예요?
B: 따뜻한 물을 많이 마시도록 하세요. /
따뜻한 물을 많이 마시는 게 좋아요. /
차가운 물을 마시는 건 좋지 않아요. /
감기가 빨리 낫도록 따뜻한 물을 많이 드세요. /
목이 건조하지 않도록 따뜻한 물을 많이 드세요.

Dialogue

Doctor	How are you? What's bothering you today?
Tien	I have a headache and a fever.
Doctor	Are you coughing as well?
Tien	I'm not coughing but my throat hurts a little and I have a slightly runny nose, too.
Doctor	Let me see. (after the doctor's examination) Your throat is quite swollen. You have a cold. When did you start having these symptoms?
Tien	About 2 to 3 days ago. What should I do?
Doctor	It's not that severe yet, so if you take medicine for about 2 days, you'll feel better. Also, try to drink lots of warm water so your throat doesn't get dry.
Tien	Alright. Do I take the medicine after each meal?
Doctor	Yes, and take the liquid medicine when your throat hurts. Getting enough rest is the most important thing to get over your cold. So make sure you rest.

p.116

Grammar Focus

-기 위해(서) is used to show the purpose or intention of doing a certain thing. It is attached to a verb, and whether the verb stem ends in a consonant or a vowel, it maintains the same form. N을/를 위해(서) is used with a noun. In front of a noun the form used is -기 위한.

Basic form	-기 위해(서)	Basic form	-기 위해(서)	Basic form	-기 위해(서)
가다	가기 위해(서)	듣다	듣기 위해(서)	나라	나라를 위해(서)
먹다	먹기 위해(서)	돕다	돕기 위해(서)	가족	가족을 위해(서)
살다	살기 위해(서)	짓다	짓기 위해(서)	건강	건강을 위해(서)

ex A: 유키 씨는 왜 한국어를 공부합니까?
B: 한국 회사에 취직하기 위해서 한국어를 공부합니다.

ex A: 아르바이트를 열심히 하는군요.
B: 네, 학비를 벌기 위해서 아르바이트를 열심히 하고 있어요.

ex A: 오늘 왜 이렇게 일찍 일어났어요?
B: 오늘 시험 보는 날이라서 학교에 늦지 않기 위해 일찍 일어났어요.

ex A: 한국 드라마를 보고 듣기 위해서 노트북을 하나 사려고 해요.
B: 그렇군요. 한국어 공부하는 데 도움이 많이 되겠네요.

ex A: 건강하게 살기 위해서 어떻게 해야 할까요?
B: 좋은 생각을 많이 하고 규칙적으로 운동을 해야 해요.

ex A: 요즘 어떻게 지내요?
B: 요즘 환경 보호를 위해서 봉사활동을 하고 있어요.

ex A: 운동하는 게 힘들지 않아요?
B: 네, 하지만 건강을 위해서 열심히 운동할 거예요.

ex A: 이번 공연에 대해서 말씀해 주세요.
B: 이번 공연은 어려운 사람들을 돕기 위한 공연입니다.

Answers

① 독감이 유행입니다. 그래서 예방 주사를 맞기 위해서 병원에 갔습니다.

② 요즘 길이 많이 막힙니다. 그래서 늦지 않기 위해서 30분 일찍 집에서 나옵니다.

③ 1등에게 장학금을 줍니다. 그래서 1등하기 위해서 매일 열심히 공부했습니다.

④ 환경 문제가 심각합니다. 그래서 환경을 지키기 위해서 종이컵을 사용하지 않습니다.

⑤ 한국에서 공부하고 싶었습니다. 그래서 한국에 유학을 오기 위해서 한국어를 열심히 공부했습니다.

02 • –거나

p.117

Grammar Focus

–거나 is used when a choice must be made between two behaviors or situations. It is attached to an adjective or verb, and whether the stem of the adjective or verb ends in a consonant or a vowel, it maintains the same form. To talk about what has already been completed or has already happened, it can be used in the past tense form with –았/었–. However, it cannot be used with –겠–, which represents the future tense.

Basic form	–거나	–았/었거나	Basic form	–거나	–았/었거나
크다	크거나	컸거나	살다	살거나	살았거나
작다	작거나	작았거나	묻다	묻거나	물었거나
가다	가거나	갔거나	돕다	돕거나	도왔거나
입다	입거나	입었거나	짓다	짓거나	지었거나

ex A: 주말에 보통 뭐 해요?
B: 친구를 만나거나 집에서 쉬어요.

ex A: 이치로 씨가 전화를 받지 않아요.
B: 아마 여행을 갔거나 출장을 갔을 거예요.

ex A: 내일 뭐 할 거예요?
B: 내일은 친구를 만나거나 영화를 볼 거예요. (○)
내일은 친구를 만나겠거나 영화를 볼 거예요. (×)

Focus Plus

- –거나 can also be used when there are more than two behaviors or situations to choose from. When it is attached to a noun, (이)나 can be used. (See 『이화한국어 1–2』 Chapter 12, p.84)

ex 일요일에 운동을 하거나 친구를 만나거나 영화를 봅니다.
ex 한국 식당에 가면 보통 비빔밥이나 불고기를 먹어요.

Answers

① A: 미셸 씨, 멀미가 날 때는 보통 어떻게 해요?
B: 바람을 쐬거나 잠을 자요.

② A: 나타샤 씨, 허리가 아플 때는 보통 어떻게 해요?
B: 스트레칭을 하거나 찜질해요.

③ A: 마이클 씨, 할 일이 밀렸을 때는 보통 어떻게 해요?
B: 야근하거나 동료에게 부탁해요.

④ A: 이치로 씨, 수업 중에 졸릴 때는 보통 어떻게 해요?
B: 밖에 나가서 세수하거나 물을 마셔요.

⑤ A: 왕카이 씨, 가족들이 보고 싶을 때는 보통 어떻게 해요?
B: 이메일을 쓰거나 집에 전화해요.

Grammar Focus

-아/어서 is used to link actions in order of time when the preceeding clause and the following clause are closely related. It is attached to a verb. When the last vowel of the verb stem is ㅏ or ㅗ, -아서 is used, while -어서 is used with all the other vowels. The subject of the previous clause and that of the following clause should be the same.

ex A: 어제 공부 많이 했어요?
B: 네. 아침부터 도서관에 가서 저녁까지 공부했어요.

ex A: 케이크가 정말 맛있어요.
B: 제가 만든 거예요. 저는 가끔 케이크를 만들어서 먹어요.

ex (식당에서)
A: 얼마나 기다려야 돼요?
B: 30분 정도요. 여기에 앉아서 기다려 주세요.

ex A: 일본 여행 잘 다녀오세요.
B: 네. 일본에 도착해서 전화 드릴게요.

Focus Plus

- -아/어서 may seem similar to -고 as it also indicates time sequence. However, there is a significant difference in meaning. -아/어서 is mostly used when the following action cannot take place if the previous action does not take place. In other words, the previous action and the following action are closely related. However, -고 indicates only the order of incidents, and their correlation is not necessarily shown. (See 『이화 한국어 1-2』 Chapter 14, p.117)

  ex A: 주말에 뭐 했어요?
  B: 친구를 만나서 영화를 봤어요.
  (= 친구를 만났어요. 그리고 그 친구와 함께 영화를 봤어요)
  친구를 만나고 영화를 봤어요.
  (= 친구를 만났어요. 그리고 (혼자 또는 다른 친구와) 영화를 봤어요)

- In the case of verbs such as (버스를) 타다, (옷을) 입다, (모자를) 쓰다, or (신발을) 신다, even though there is a correlation between the previous and the following clauses, -고 is used instead of -아/어서.

  ex 저는 버스를 타고 학교에 가요. (○)
  저는 버스를 타서 학교에 가요. (×)

  ex 내일 따뜻한 옷을 입고 오세요. (○)
  내일 따뜻한 옷을 입어서 오세요. (×)

Answers

① A: 어제 수업 끝나고 뭐 했어요?
B: 치과에 가서 충치를 치료했어요.

② A: 어제 수업 끝나고 뭐 했어요?
B: 집에 친구들을 초대해서 집들이를 했어요.

③ A: 어제 수업 끝나고 뭐 했어요?
B: 후배가 좋아하는 과일을 사서 후배 병문안을 갔어요.

④ A: 어제 수업 끝나고 뭐 했어요?
B: 교실에 혼자 남아서 숙제를 했어요.

⑤ A: 어제 수업 끝나고 뭐 했어요?
B: 은행에 들러서 예금 통장을 만들었어요.

Vocabulary & Expression

독감은 눈으로 전염될 수도 있습니다

독감은 눈으로 전염될 수도 있습니다 means ***the flu virus can be transmitted to your eyes***. It indicates that the flu can be transmitted through the eyes. When you guess that something could possibly happen, you can say -(으)ㄹ 수도 있다. (See 『이화 한국어 3-1』 Chapter 1, p.25)

ex A: 독감에 전염되지 않으려면 손발만 깨끗이 씻으면 됩니까?
B: 아니요. 독감은 눈으로 전염될 수도 있으니까 얼굴도 깨끗이 씻는 게 좋아요.

Functional Expression

- **Asking about a flu epidemic**

When you ask if the flu is going around, you can say 독감이 유행이에요?, 독감이 유행하고 있어요?, etc.

ex A: 요즘 독감이 유행이에요? /
요즘 독감이 유행하고 있어요?
B: 네, 맞아요.

Script

Show host:
Hello, everyone. This is Jang Minwu of "5 Minutes of Health." The flu is going around these days, isn't it? Especially at this time of year when seasons change, there are lots of cold and flu patients. So today I'd like to talk to you about how to prevent the flu. The flu virus is transmitted through the air. But it doesn't easily get transmitted to a healthy person. If you want to avoid the flu virus, you should always wash your hands and feet. So when you come home after being outside, always wash your hands and feet. The flu can be transmitted to your eyes as well. So make sure you don't rub your eyes or touch your nose and mouth with unwashed hands. Also, try to avoid crowded places. Children and the elderly should avoid going outside too much. Those who cough or sneeze must wear masks when they go outside. Eating is very important as well to prevent the flu. Eat lots of vitamin C supplements and fruit and try to get enough rest so your body won't get too tired. This has been "5 Minutes of Health." Bye bye.

Answers

(1) ① The flu is not always around. Rather, a lot of people catch a cold or the flu when the seasons change.

(2) ①, ⑤ To prevent the flu, don't rub your eyes or touch your nose or mouth with unwashed hands. Also, avoid crowded areas.

(3) ① 네 ② 네 Those who cough or sneeze must wear masks when they go out. Also, in order to prevent the flu, it's good to eat lots of fruit.

Vocabulary & Expression

지금은 귀찮고 재미도 없어서 안 해요

지금은 귀찮고 재미도 없어서 안 해요 indicates that at the present time you don't want to do something and it's not fun anymore, so you just don't do it. 귀찮다 means something troublesome and annoying. 지금은 귀찮고 재미도 없어서 안 해요 is an expression used when you no longer do something because you can't be bothered and think it's no fun anymore. 귀찮다 is a verb indicating that one finds something bothersome (to do).

ex A: 요즘도 운동을 하고 있어요?
B: 아니요, 지금은 귀찮고 재미도 없어서 안 해요.

ex A: 날씨도 좋은데 밖에 나가서 산책할까요?
B: 밖에 나가기 귀찮아요. 오늘은 집에서 쉴래요.

Functional Expression

- **Asking about dieting methods**

When you ask about ways to lose weight you can say 어떻게 하면 살을 뺄 수 있어요?, 살을 빼려면 어떻게 해야 할까요?, 살을 빼기 위해서는 어떻게 해야 하지요? etc.

ex A: 살을 빼려면 어떻게 해야 해요? /
어떻게 하면 살을 뺄 수 있을까요? /
좋은 다이어트 방법에는 뭐가 있어요? /
살을 빼기 위해서는 어떻게 해야 하지요? /
살을 빼려고 해요. 좋은 방법이 있을까요?
B: 식사량을 조절하고 규칙적으로 운동을 해야 돼요.

Dialogue

Natasha	Why aren't you eating dinner?
Michelle	I've gained too much weight recently, so I'm not going to eat dinner.
Natasha	Still, you shouldn't starve yourself if you want to stay healthy.
Michelle	But if I don't do this, I'll never lose weight. How can I lose weight?
Natasha	In order to lose weight, you should control the amount of food you eat and work out. Do you exercise?
Michelle	No. I used to run in the park or go hiking. But I don't do either now, because I can't be bothered and it's no fun anymore.
Natasha	Then you should find some exercise that you like. How about aerobics or yoga?
Michelle	Yoga sounds good. I learnt yoga once. It was fun then.
Natasha	Really? Then you should start yoga right away, tomorrow.
Michelle	Yes, you're right. Thanks, Natasha.

Vocabulary & Expression

수칙

수칙 means ***a set of rules that are set to be followed***. Some examples are 건강 수칙 or 생활 수칙. 규칙, similar in meaning to 수칙, refers to regulations that must be followed by many people. Some examples are 학교 규칙, 경기 규칙, etc.

ex A: 건강을 지키기 위한 수칙에는 뭐가 있어요?
B: 저는 매일 물을 2ℓ 마시고 1시간 정도 운동해요.

ex A: 요즘 환절기라서 독감에 걸린 사람이 많네요.
B: 네. 여기 예방을 위한 수칙이 있으니까 한번 보세요.

굳이

굳이 means ***intentionally, firmly***. It indicates doing something intentionally. 굳이 is pronounced 구지.

ex A: 요가 수업을 신청하려고 하는데요. 직접 가서 신청해야 돼요?
B: 아니요. 굳이 시간을 내서 오지 않아도 돼요. 전화나 이메일로도 신청할 수 있어요.

ex A: 학교 근처에도 옷가게가 많잖아요. 왜 굳이 명동까지 가요?
B: 명동에 가면 여러 가지 구경할 것들이 더 많이 있거든요.

6~8시간

6~8시간 means ***six to eight hours***. It indicates a time span of time from six hours to eight hours. '~' is read as 에서. '~' is a mark used to refer to a period of time, a distance, or a range.

ex A: 하루에 보통 몇 시간 자요?
B: 보통 6~8시간(6시간에서 8시간) 자요.

ex A: 서울~부산(서울에서 부산까지) 얼마나 걸려요?
B: 고속 열차(KTX)로 세 시간쯤 걸려요.

마음의 여유를 가지고

마음의 여유를 가지고 means ***with a laid-back attitude***. 마음의 여유 is a carefree and relaxed state of mind. You can say 마음의 여유를 가지다, 마음의 여유가 생기다, 마음의 여유가 있다, 마음의 여유가 없다 etc.

ex A: 여행 다니는 것을 참 좋아하는군요.
B: 네, 여행을 다닐 때 생기는 마음의 여유가 정말 좋거든요.

ex A: 취업이 빨리 안 되면 어떻게 하지요? 너무 걱정이 돼요.
B: 아직 시간이 있으니까 마음의 여유를 가지고 천천히 준비하세요.

Pronunciation

Palatalization

Final consonants such as ㄷ, ㅌ are pronounced as ㅈ, ㅊ in front of ㅣ or ㅕ. This phenomenon is called palatalization.

ex 굳이[구지], 같이[가치], 닫힌[다친]

Text

How to Protect Your Health in Everyday Life
Sleep well and eat well—the best health rules to live by

You don't necessarily have to do any special exercise or buy expensive food to maintain your health. You just have to follow a few simple health rules in everyday life.

1. Reduce the amount of junk food you eat.
These days many people live busy lives and often buy instant food. Instant food contains artificial seasoning and fat, which can lead to unbalanced nutrition intake. Therefore, you should avoid instant foods such as instant noodles, hamburgers, and frozen pizza.

2. Sleep at least 6 hours a day.
The body can heal itself. But the time that your body heals is when you sleep. In order for the body to heal itself, it needs at least 6 to 8 hours of sleep a day. Therefore, if you need to relieve stress or fatigue, you need to sleep for more than 6 hours.

3. Always take your time and relax.
If you want a healthy life, you need to reduce stress because stress harms your body and health. When something bad happens, it is important to think positive and try not to let it get to you. But a proper amount of stress is sometimes helpful to keep you healthy. You should always try to sit back and relax in order to maintain a healthy mind and body.

Answers

(1) ①
The passage says it is important to think positively in order not to become stressed. It also points out that instant foods contain a lot of seasoning and fat that cause nutritional imbalance.

(2) ③
Paragraph C deals with the harmful effects of stress. However, it has nothing to do with the content of the whole passage.

(3) ① 몸에 좋은 음식을 많이 먹고 인스턴트 식품 먹는 것을 줄인다.
② 하루에 6시간 이상 푹 잔다.
③ 항상 마음의 여유를 가지고 긍정적인 생각을 한다.

Vocabulary Check

▶ **Tick off the words and expressions that you know.**

병	Illness
☐ 근육통	muscle ache
☐ 독감	influenza
☐ 두통	headache
☐ 복통	stomachache
☐ 생리통	menstrual cramps
☐ 충치	decayed tooth
☐ 치통	toothache
☐ 편두통	migraine

증상	Symptoms
☐ 건망증이 심하다	to be very forgetful of things
☐ 기침을 하다	to cough
☐ 기침이 나다	to cough
☐ 멀미가 나다	to get motion sickness
☐ 목이 붓다	to have a swollen throat
☐ 몸이 차다	to have low body temperature
☐ 배탈이 나다	to have an upset stomach
☐ 상처가 덧나다	to have a wound grow worse
☐ 열을 재다	to take someone's temperature
☐ 열이 나다	to have a fever
☐ 열이 높다	to run a fever
☐ 재채기가 나다	to sneeze
☐ 재채기를 하다	to sneeze
☐ 전염되다	to be infected
☐ 코가 막히다	to have a blocked nose
☐ 콧물이 나다	to have a runny nose
☐ 토하다	to vomit

진료 과목	Medical Departments
☐ 내과	internal medicine
☐ 산부인과	obstetrics and gynecology
☐ 성형외과	plastic surgery
☐ 안과	ophthalmology
☐ 이비인후과	otolaryngology
☐ 정신과	psychiatry
☐ 정형외과	orthopedics
☐ 치과	dentistry
☐ 피부과	dermatology

약	Medicine
☐ 가루약	powdered medicine
☐ 감기약	cold medicine
☐ 두통약	headache relief medicine
☐ 물약	liquid medicine
☐ 소독약	disinfectant
☐ 소화제	digestive medicine
☐ 알약	tablet, pill
☐ 연고	ointment, salve
☐ 진통제	painkiller, pain reliever

치료	Treatment
☐ 마사지하다	to massage
☐ 마스크를 쓰다	to wear a mask
☐ 붕대를 감다	to put a bandage (around)
☐ 상처를 치료하다	to treat a wound
☐ 수술하다	to perform an operation, to operate
☐ 약을 바르다	to apply medicine
☐ 일회용 반창고를 붙이다	to wear a Band-Aid
☐ 주사실에서 주사를 맞다	to get an injection
☐ 진료(진찰)받다	to be diagnosed and receive treatment
☐ 진료(진찰)하다	to examine (a patient)
☐ 찜질하다	to apply a hot compres

PART1 준비합시다　01 • –(으)ㄹ까요

p.128

Grammar Focus

–(으)ㄹ까요 is used when you, while making an assumption, ask about something that you do not know for sure. It is attached to an adjective or a verb, and if the stem of the adjective or verb ends in a consonant –을까요 is used, while –ㄹ까요 is used if it ends in the consonant ㄹ or a vowel.

Basic form	–(으)ㄹ까요	Basic form	–(으)ㄹ까요
바쁘다	바쁠까요	가다	갈까요
작다	작을까요	읽다	읽을까요
가깝다	가까울까요	만들다	만들까요
친구이다	친구일까요	듣다	들을까요
학생이다	학생일까요	짓다	지을까요

ex A: 오늘 백화점에 사람이 많을까요?
B: 세일이니까 많을 거예요.

ex A: 이번 시험이 어려울까요?
B: 아마 어려울 거예요. 그러니까 열심히 공부하세요.

ex A: 티엔 씨가 이 선물을 좋아할까요?
B: 그럼요. 좋아할 거예요.

ex A: 요코 씨가 비빔밥을 잘 먹을까요?
B: 글쎄요. 매운 음식을 잘 못 먹을 거예요.

Focus Plus

- –(으)ㄹ까요 (See「이화 한국어 1–2」Chapter 10. p.52) is attached to a verb to ask about the other person's intentions or thoughts or to make a suggestion.

ex A: 커피를 드릴까요? 녹차를 드릴까요?
B: 커피 주세요.

ex A: 점심 같이 먹을까요?
B: 좋아요. 수업 후에 같이 먹어요.

Answers

① A: 내일까지 이 일을 마칠 수 있을까요?
B: 네. 다른 사람들이 도와주고 있으니까 끝낼 수 있을 거예요.

② A: 이 가방이 비쌀까요?
B: 네. 가죽으로 만들었으니까 비쌀 거예요.

③ A: 왕카이 씨 생일 선물로 장갑이 괜찮을까요?
B: 네. 요즘 날씨가 추우니까 필요할 거예요.

④ A: 마이클 씨가 빌린 돈을 갚을까요?
B: 네. 월급을 받았으니까 곧 갚을 거예요.

⑤ A: 장소이 씨가 그 소식을 알까요?
B: 네. 인터넷에 기사가 났으니까 아마 봤을 거예요.

02 • –(으)ㄴ/는/(으)ㄹ 것 같다

p.129

Grammar Focus

–(으)ㄴ/는/(으)ㄹ 것 같다 is used to guess an action or situation based on circumstances. It is attached to an adjective or a verb. –(으)ㄴ 것 같다 is used with an adjective, –(으)ㄴ 것 같다 with a verb for the past tense, –는 것 같다 for the present tense, and –(으)ㄹ 것 같다 for the future tense. Sometimes –(으)ㄹ 것 같다 can be used for the present tense because unlike –는 것 같다, which is used to express your thoughts based on solid grounds, –(으)ㄹ 것 같다 can be used when you make an assumption based on uncertain grounds without any confidence.

Basic form	–(으)ㄴ/(으)ㄹ 것 같다	Basic form	–(으)ㄴ/는/(으)ㄹ 것 같다
바쁘다	바쁜/바쁠 것 같다	보다	본/보는/볼 것 같다
작다	작은/작을 것 같다	먹다	먹은/먹는/먹을 것 같다
쉽다	쉬운/쉬울 것 같다	듣다	들은/듣는/들을 것 같다
힘들다	힘든/힘들 것 같다	돕다	도운/돕는/도울 것 같다
학생이다	학생인/학생일 것 같다	짓다	지은/짓는/지을 것 같다

ex A: 마이클 씨는 오늘 왜 동아리 모임에 안 왔어요?
B: 병원에 갔어요. 배가 많이 아픈 것 같아요.

ex A: 수진 씨는 지금 어디에 있어요?
B: 도서관에 간 것 같아요. 내일 시험이 있거든요.

ex A: 티엔 씨는 지금 뭘 할까요?
B: 아까 친구들과 식당에 갔어요. 지금 밥을 먹는 것 같아요. (○)
지금 12시니까 밥을 먹을 것 같아요. (○)

ex A: 날씨가 많이 흐려요.
B: 오후에 비가 올 것 같아요.

Answers

① A: 이 사람은 나이가 어떻게 될까요?
B: 30대인 것 같아요.

② A: 이 사람은 결혼을 했을까요?
B: 네. 결혼한 것 같아요.

③ A: 이 사람은 아이가 있을까요?
B: 네. 가족사진에 아이들이 있으니까 아이가 있는 것 같아요.

④ A: 이 사람은 취미가 무엇일까요?
B: 책상 옆에 테니스 라켓이 있으니까 테니스를 치는 것 같아요.

⑤ A: 이 사람은 잠시 후에 무엇을 할까요?
B: 전화가 오고 있으니까 전화를 받을 것 같아요.

Grammar Focus

-(으)ㄴ 덕분에 is used to talk about the cause or reason for a good result. It indicates that a certain action or situation in the past has brought a positive result. It is attached to a verb, and if the verb stem ends in a consonant -은 덕분에 is used, while -ㄴ 덕분에 is used if it ends in the consonant ㄹ or a vowel. When it is attached to a noun, 덕분에 is used whether the nouns ends in a consonant or a vowel.

Basic form	-(으)ㄴ 덕분에	Basic form	-(으)ㄴ 덕분에
가다	간 덕분에	듣다	들은 덕분에
먹다	먹은 덕분에	돕다	도운 덕분에
만들다	만든 덕분에	짓다	지은 덕분에

ex A: 길 찾기가 어렵지 않았어요?
B: 아니요. 친구가 잘 알려 준 덕분에 어렵지 않았어요.

ex A: 한국어 읽기 실력이 좋아졌군요.
B: 고마워요. 매일 한국 신문을 읽은 덕분에 한국어 읽기 실력이 좋아진 것 같아요.

ex A: 한국 생활이 어때요?
B: 한국 친구들 덕분에 아주 재미있게 지내고 있어요.

Focus Plus

- -(았/었)기 때문에 (See 『이화 한국어 2-1』 Chapter 3, p.58) can also be used to talk about a cause or reason. However, -(았/었)기 때문에 can be used with either a good or bad result whereas -(으)ㄴ 덕분에 is used only in the case of a good result.

ex A: 눈이 많이 왔기 때문에 산에 갈 수 없어요. (○)
B: 눈이 많이 온 덕분에 산에 갈 수 없어요. (×)

Answers

① A: 마이클 씨, 어떻게 서류를 모두 정리했어요?
B: 준영 씨가 도와준 덕분에 서류를 모두 정리했어요.

② A: 장소이 씨, 어떻게 항상 시험을 잘 봐요?
B: 예습, 복습을 철저히 한 덕분에 항상 시험을 잘 봐요.

③ A: 미셸 씨, 어떻게 좋은 식당을 많이 알아요?
B: 음식 프로그램을 자주 본 덕분에 좋은 식당을 많이 알아요.

④ A: 왕카이 씨, 어떻게 요즘 유행하는 노래를 많이 알아요?
B: 매일 라디오를 들은 덕분에 요즘 유행하는 노래를 많이 알아요.

⑤ A: 이치로 씨, 어떻게 피자를 공짜로 먹었어요?
B: 쿠폰을 모은 덕분에 피자를 공짜로 먹었어요.

Vocabulary & Expression

누가 학교에 들어가요?

누가 학교에 들어가요? means ***is someone entering university***? In this expression 들어가다 is to become a member of an organization. It is also used as in 학교/회사/동아리에 들어가다.

ex A: 올해 누가 학교에 들어갔어요?
B: 제 동생이 고등학교에 입학했어요.

ex A: 대학교를 졸업한 후에 어떤 회사에 들어가고 싶어요?
B: 저는 방송사에 들어가고 싶어요.

노트북이나 양복 같은 것

노트북이나 양복 같은 것 means ***somethings like a laptop or a suit***. N 같은 것 is used to indicate things similar to the noun.

ex A: 아들에게 대학 입학 선물로 어떤 걸 주는 게 좋을까요?
B: 노트북이나 양복 같은 게 좋을 것 같아요.

ex A: 감기에 걸려서 목이 너무 아파요.
B: 따뜻한 녹차 같은 걸 자주 드세요.

홈페이지에 올리는 것

홈페이지에 올리는 것 means ***to post something on a website***. It indicates writing a comment or posting a photo on a website bulletin board. Here 올리다 indicates the online transferral of files or data.

ex A: 이치로 씨, 사진을 홈페이지에 올리는 것 좀 가르쳐 주세요.
B: 네, 알려 드릴게요.

ex A: 왕카이 씨, 뭐 해요?
B: 제가 산 가방의 사용 후기를 홈페이지에 올리고 있어요.

유행

유행 means ***a trend***, ***vogue***. It refers to something becoming popular and that popularity spreading through society.

ex A: 이 옷 정말 예쁘네요.
B: 네, 이번 봄에는 이렇게 화려한 디자인이 유행이에요.

ex A: 이거 무슨 노래예요?
B: 요즘 유행하는 노래예요. 한번 들어 보세요.

Functional Expression

- **Asking whether the product one wants to purchase is available**

When you are shopping and want to ask if there is a product that meets the conditions you are looking for, you can use −(으)ㄴ/는 건 없을까요? or −(으)ㄴ/는 게 있어요?

ex A: 좀 저렴한 건 없을까요? /
이것보다 더 저렴한 건 없어요? /
이것보다 더 저렴한 게 있어요?
B: 여기 있어요. 이건 어때요?

Script

Michael	Yeongmin, what do you usually give someone for a present when they enter university in Korea?
Park Yeongmin	Why? Is someone entering university?
Michael	A close friend of mine is starting university. So I'd like to buy him a present.
Park Yeongmin	I see. It seems a lot of people buy college students a laptop or a suit.
Michael	Really? What about something less expensive?
Park Yeongmin	Then what about a digital camera? He should like that. These days people like to take pictures to post on personal web pages.
Michael	That is a good idea, but he already has a digital camera.
Park Yeongmin	Does he? Then what about an MP3 player? He can use it on the way to and from school.
Michael	Okay. That's it. I'll buy him an MP3player. Good idea. Thanks for your help, Yeongmin.

Answers

(1) ②, ③, ⑤
Park Yeongmin said that many people buy college student a laptop or a suit for a present. He also recommended an MP3 player.

(2) ③
Park Yeongmin said that an MP3 player would be a good present because it could be used when going to and from school.

(3) ① 네 ② 아니요 ③ 네
A close friend of Michael's is entering university. He wants to buy his friend a present to congratulate him, but he already has a digital camera. Michael decided to get his friend an MP3 player thanks to Park Yeongmin's advice.

옷에 어울리는 구두 추천하기

p.132

Vocabulary & Expression

세련된 것 같아요

세련된 것 같아요 means ***(I) think it is chic***. This expression means that one thinks something is sophisticated and stylish. 세련되다 indicates a dignified and gracious appearance or personality.

ex A: 그 커피숍은 분위기가 어때요?
B: 깨끗하고 세련된 것 같아요.

ex A: 배우 김수진 씨는 젊은 여성들에게 인기가 정말 많지요?
B: 네. 세련된 외모 때문인 것 같아요.

ex A: 마이클 씨는 정말 멋있네요.
B: 네. 외모도 멋있지만 말과 행동도 정말 세련된 사람이에요.

Functional Expression

- **Saying something suits somebody well**

When you say something looks good on the other person, you can use expressions such as 잘 어울려요, 딱 좋네요, 지금 입고 있는 그 옷과 정말 잘 어울리네요, etc.

ex A: 이 모자 어때요?
B: 잘 어울려요. /
예뻐요. 딱 좋네요. /
지금 입고 있는 그 옷과 정말 잘 어울리네요. /
지금까지 써 본 모자 중에서 제일 잘 어울려요.

Dialogue

Zhang Souyi	What kind of shoes are you looking for?
Yulia	I'd like to buy some shoes that go with both jeans and suits. Do you think there's anything like that?
Zhang Souyi	How about these shoes? This design is trendy these days.
Yulia	Hmm. those heels seem too high for me. I don't really wear high heels.
Zhang Souyi	Then how about these black shoes? The heels aren't too high and the design is chic.
Yulia	Those are really pretty. But do you think they look good on me? Aren't they too flashy?
Zhang Souyi	No, they're not flashy. Try these on. (after a while) Hey Yulia, they really look good on you.
Yulia	Thanks. I've found something I really like, thanks to your help.

p.134

Grammar Focus

-아/어서 그런지 is used when you make a guess about the cause of a certain result but are not sure. It is attached to an adjective or a verb, and if the last vowel of the stem of the adjective or verb is ㅏ or ㅗ, -아서 그런지 is used, while -어서 그런지 is used with all the other vowels.

Basic form	-아/어서 그런지	Basic form	-아/어서 그런지
크다	커서 그런지	가다	가서 그런지
작다	작아서 그런지	입다	입어서 그런지
어렵다	어려워서 그런지	만들다	만들어서 그런지
친구이다	친구여서 그런지	듣다	들어서 그런지
학생이다	학생이어서 그런지	짓다	지어서 그런지

ex A: 장소이 씨는 한국말을 정말 잘하는군요.
B: 한국 친구가 많아서 그런지 한국말을 빨리 배운 것 같아요.

ex A: 마이클 씨가 조금 우울한 것 같아요.
B: 여자 친구와 헤어져서 그런지 기분이 안 좋은 것 같아요.

ex A: 어디 아파요?
B: 네. 어제 많이 걸어서 그런지 오늘 다리가 너무 아파요.

Focus Plus

- -아/어서 그런지 is interchangeable with -아/어서인지.

ex A: 공원에 사람이 많지 않네요.
B: 그러게요. 오늘 비가 와서 그런지 사람들이 별로 없네요.
(= 와서인지)

ex A: 오늘 정말 춥지요?
B: 네. 바람이 많이 불어서 그런지 더 춥네요.
(= 불어서인지)

Answers

① A: 이 그림이 멋있지요?
B: 네. 유명한 화가가 그려서 그런지 역시 다르네요.

② A: 장소이 씨가 인기가 많지요?
B: 네. 성격이 좋아서 그런지 좋아하는 사람이 많네요.

③ A: 요즘 민호 씨가 연락이 없지요?
B: 네. 회사 일로 바빠서 그런지 전화도 안 받네요.

④ A: 아이가 노래를 잘하지요?
B: 네. 아빠를 닮아서 그런지 노래에 소질이 있네요.

⑤ A: 마이클 씨가 거의 밥을 못 먹지요?
B: 네. 감기에 걸려서 그런지 식사를 전혀 못 하네요.

02 • 르 불규칙

p.135

Grammar Focus

When certain adjectives or verbs that end in 르 are combined with endings that start with –아/어– as in –아/어요, –아/어서, or –았/었–, the vowel ㅡ in 르 is omitted and another ㄹ is added.

Basic form	–아/어요	–아/어서	–았/었어요	–(으)면	–(스)ㅂ니다
다르다	달라요	달라서	달랐어요	다르면	다릅니다
빠르다	빨라요	빨라서	빨랐어요	빠르면	빠릅니다
모르다	몰라요	몰라서	몰랐어요	모르면	모릅니다
부르다	불러요	불러서	불렀어요	부르면	부릅니다
자르다	잘라요	잘라서	잘랐어요	자르면	자릅니다
고르다	골라요	골라서	골랐어요	고르면	고릅니다
마르다	말라요	말라서	말랐어요	마르면	마릅니다
오르다	올라요	올라서	올랐어요	오르면	오릅니다

ex A: 수진 씨는 동생하고 성격이 비슷해요?
B: 아니요. 우리는 성격이 아주 달라요.

ex A: 한국 문화에 대해서 잘 알아요?
B: 아니요. 아직 잘 몰라요.

ex A: 노래방에 자주 가세요?
B: 아니요. 저는 노래를 잘 못 불러서 평소에 잘 안 가요.

ex A: 왜 머리를 짧게 잘랐어요?
B: 날씨가 더워서 짧게 잘랐어요.

ex A: 티셔츠를 선물해 줘서 정말 고마워요.
B: 뭘요. 티엔 씨한테 잘 어울릴 것 같아서 흰색으로 골랐어요.

Answers

① A: 마이클 씨는 정말 노래를 잘 불러요.
B: 맞아요. 가수보다 노래를 더 잘하는 것 같아요.

② A: KTX의 요금은 왜 비싸요?
B: 다른 기차보다 빨라서 비싸요.

③ A: 아까 티엔 씨와 무슨 이야기를 했어요?
B: 오늘 숙제를 몰라서 물어봤어요.

④ A: 제가 주문한 색과 달라서 교환하고 싶습니다.
B: 저희 직원의 실수로 잘못 배달된 것 같습니다. 죄송합니다.

 p.136

Vocabulary & Expression

교환할 수 있을까요?

교환할 수 있을까요? means ***can (I) exchange (A for B)?*** 교환하다 means to exchange something for something else. It is usually used in the form of N을/를 N(으)로 교환하다.

ex A: 이 바지를 다른 색깔의 바지로 교환할 수 있어요?
B: 네, 어떤 색깔로 교환하시겠어요?

ex A: MP3 전원이 안 켜져요. 새 것으로 교환해 주세요.
B: 그래요? 제가 확인해 보고 교환해 드릴게요.

여성분들은 보통 흰색이나 분홍색을 많이 찾으세요

여성분들은 보통 흰색이나 분홍색을 많이 찾으세요 means ***women tend to like either white or pink***. It indicates that a lot of women like white or pink and look for those colors. Here 찾다 means to pursue or look for something.

ex A: 여자 친구에게 이 가방을 선물하려고 해요. 어떤 색깔이 좋을까요?
B: 흰색은 어떠세요? 여성분들은 보통 흰색이나 분홍색을 많이 찾으세요.

ex A: 부모님께 지갑을 선물하려고 해요. 어떤 것이 좋을까요?
B: 부모님들은 보통 디자인이 깔끔한 걸 찾으세요.

마침

마침 means ***opportune***, ***timely***. It is used when a certain situation or opportunity is deemed opportune or timely. It can be replaced with 다행히, 때마침, etc.

ex A: 같이 쇼핑하러 갈까요?
B: 좋아요. 마침 수진 씨에게 저도 물어보려고 했어요.

ex A: 우리 택시를 탈까요?
B: 네, 좋아요. 아, 저기 마침 택시가 오네요.

Functional Expression

- **Asking about the purpose of someone's visit**

When you ask a customer the purpose of his/her visit, you can say 어떻게 오셨어요?, 무슨 일로 오셨어요?, 무엇을 도와 드릴까요? etc.

ex A: 어떻게 오셨어요? /
무슨 일로 오셨어요? /
무엇을 도와 드릴까요? /
어떤 일 때문에 오셨어요?
B: 휴대 전화가 고장 나서요.

● **Talking about exchange policies**

When you talk about the exchange policy, you can use expressions such as –(으)면 교환이 가능해요, –아/어야 교환할 수 있어요, 다른 걸로 바꾸시려면 –아/어야 해요.

ex A: 이 바지를 교환할 수 있을까요?
B: 네, 교환하려면 영수증이 필요해요. /
네, 영수증이 있으면 교환이 가능해요. /
네, 영수증이 있어야 교환할 수 있어요. /
네, 다른 걸로 바꾸시려면 영수증이 있어야 해요.

Script

Salesperson	Good morning. How may I help you?
Customer	I bought a cell phone a few days ago. But the power doesn't turn on very well. Also, there are too many features and I just can't get used to it.
Salesperson	Can you make calls though?
Customer	Yes, that works fine. Can I exchange the phone for a different one by any chance?
Salesperson	If it has been less than 2 weeks, you can. When did you purchase the cell phone?
Customer	I bought it last weekend, so it's been 4 days.
Salesperson	Yes, it's alright then. Did you bring your receipt? You need the receipt.
Customer	Yes, here it is.
Salesperson	Fine. You can choose from one of these phones.
Customer	Can I pick another color?
Salesperson	Of course. The cell phone you have is silver. Female customers tend to like either white or pink.
Customer	I was going to buy pink at first, but you didn't have it then, so I bought silver. Do you have pink by any chance?
Nurse	Yes, I happen to have one right here. Do you want this one?
Customer	Yes, I'll have that one.

Answers

(1) ③
The cell phone that the customer bought worked fine when making calls but the power did not turn on well and there were too many features.

(2) ②
To exchange your cell phone you need to bring it in with the receipt within 2 weeks. It can be exchanged for another color.

(3) ① 아니요 ② 네

Vocabulary & Expression

중고

중고 means ***used*, *secondhand***. It refers to things that have already been used or are old and worn. It is used as in 중고품, 중고차, 중고 가구, etc.

ex A: 중고 소파가 새 것 같네요.
B: 네. 거의 사용을 안 했어요.

ex A: 영민 씨, 이 자동차 새 거예요?
B: 아니에요. 2년 된 중고차지만 사용을 거의 안 해서 새 것 같아요.

Functional Expression

- **Asking and answering a question about the size of furniture**

When you ask about the size of a piece of furniture, you can say N이/가 얼마나 커요?, N 크기가 얼마나 돼요? etc. When you talk about the size of the furniture, you can either use the exact measurements or roughly explain how big it is.

ex A: 책상이 얼마나 커요? /
책상 크기가 얼마나 돼요?
B: 보통 학생들 책상 크기예요. /
가로 100cm, 세로 250cm, 높이 200cm예요. /
꽤 커서 아이 두 명이 앉아서 공부할 수 있어요.

Dialogue

Tien	Hello? I'm calling about your ad in the paper. Do you still have the desk and chair?
Owner	Yes, I do.
Tien	How big is the desk?
Owner	Around 120cm wide by 70cm deep by 90cm high.
Tien	What color is it?
Owner	It's walnut brown. But the chair is not made of wood. It's a black fabric chair.
Tien	Could I ask how long you've used them?
Owner	We bought the set last summer, so it's been a year. We bought it for 300,000 won but we're selling it for 150,000. We haven't had it for long, so it's as good as new.
Tien	It seems a bit expensive.
Owner	It's not like other secondhand furniture. It's hardly been used.
Tien	Then can I stop by to take a look at the desk?
Owner	Sure, you can. Our address is Ewha Apartment in Shinchon, number 01 in building number 102.

Vocabulary & Expression

크기도 적당해서

크기도 적당해서 means ***because the size is appropriate***. 적당하다 means something meets certain standards, conditions, and criteria.

ex A: 이 가방 어때요? 회사에 가지고 다니려고요.
B: 모양도 괜찮고 크기도 적당해서 좋네요.

ex A: 그 커피숍은 왜 사람들에게 인기가 많아요?
B: 커피도 맛있고 가격도 적당하거든요.

ex A: 송별회 때 티엔 씨에게 줄 선물을 샀어요?
B: 아직요. 특별한 선물을 주고 싶지만 적당한 것이 없어요.

대체로

대체로 means ***generally***, ***overall***.

ex A: 그 책 내용이 어때요?
B: 대체로 괜찮아요. 저는 재미있게 읽었어요.

ex A: 저 아이는 나이에 비해서 키가 정말 크네요.
B: 그러네요. 요즘 초등학생들은 대체로 키가 큰 것 같아요.

색깔이 촌스러워서

색깔이 촌스러워서 means ***because the color is not sophisticated***. 촌스럽다 indicates that a person's attitude or taste is not refined but a little rough and vulgar.

ex A: 이 흰색 양복 어때요? 영민 씨에게 잘 어울릴 것 같아요.
B: 색깔이 촌스러워서 별로 마음에 안 들어요.

ex A: 강아지 이름을 '순이'라고 지었어요.
B: 그래요? 귀엽지만 조금 촌스러운 것 같아요.

별표

별표 means ***star***. It refers to the stars used to evaluate products, places, works of art etc.

ex A: 이번 주에 새로 나온 영화 '그녀'가 재미있을까요?
B: 재미있을 것 같아요. 인터넷 게시판에서 사람들이 별표를 많이 줬어요.

ex A: 이화식당의 요리가 정말 맛있을까요?
B: 네. 그 식당은 요리전문가에게 별표 다섯 개를 받은 식당이에요.

Pronunciation

Aspiration

When ㅎ is located in front of or behind ㄱ, ㄷ, ㅂ, ㅈ, the ㅎ is combined with ㄱ, ㄷ, ㅂ, ㅈ to make ㅋ, ㅌ, ㅍ, ㅊ sounds. This feature is called 'aspiration.'

ex 구입한[구이판], 도착했다[도차캗따], 많고[만코], 선택한[선태칸], 특히[트키], 긁히지[글키지], 좋지[조치]

Text

	Name of the product	Customer I.D.	Date	Evaluation
Very satis-factory	I bought this electronic dictionary on my friend's recommendation. It's pink. I like the color and it is the perfect size to carry around. The material is good and doesn't look like it will scratch easily. Best of all, you don't need to press a button to turn it on. It comes on when you open it. There's a function that allows you to repeatedly listen to the pronunciation so it is good for practicing pronunciation. But the delivery person was not friendly, which was a shame. Other than that, everything was satisfactory. Thanks to my friend, I was able to buy an excellent electronic dictionary. I'm happy that I got what I was looking for. I strongly recommend this to other people.	pey**	09.23	★★★★
Average	Overall it is not bad. Since I like music, the thing I liked most is that you can use the dictionary and the built-in MP3 player at the same time. But the color is tackier than I thought, so I only gave it three stars.	fou**	09.22	★★★
Unsatis-factory	I ordered a white one but I received a black one. The person in charge of taking orders probably did not get the order right and I got the wrong product. It's really irritating.	cheri*	09.22	★

Answers

(1) ① 아니요 ② 네 ③ 네

The first product reviewer said that he/she was unsatisfied because the delivery person was not friendly.

(2) ②, ⑤

This electronic dictionary allows you to listen to the proper pronunciation over and over again, and you can use the dictionary function and the built-in MP3 player at the same time.

(3) 제품의 재질이 좋아서/ 작아서 가지고 다니기 편해서/ 전원을 누를 필요 없이 켜져서

Vocabulary Check

▶ **Tick off the words and expressions that you know.**

가구	Furniture
☐ 서랍장	chest of drawers
☐ 식탁	dining table
☐ 옷장	wardrobe
☐ 장식장	cabinet
☐ 화장대	dressing table

가전 제품	Home Electronics
☐ DVD	DVD
☐ 가스레인지	gas range / stove
☐ 가습기	humidifier
☐ 공기청정기	air purifier
☐ 냉장고	refrigerator
☐ 드라이기	hairdryer
☐ 믹서기	blender
☐ 선풍기	(electric) fan
☐ 세탁기	washing machine
☐ 식기세척기	dishwasher
☐ 에어컨	air conditioner
☐ 전기밥솥	electric rice cooker
☐ 전자레인지	microwave
☐ 컴퓨터	computer
☐ 텔레비전	television
☐ 프린터기	printer

재질	Materials
☐ 가죽	leather
☐ 금속	metal
☐ 돌	stone
☐ 면	cotton
☐ 비닐	plastic, vinyl
☐ 원목	wood
☐ 천	fabric
☐ 플라스틱	plastic

쇼핑 장소	Shopping Places
☐ 면세점	duty free store
☐ 백화점	department store
☐ 쇼핑몰	shopping mall
☐ 슈퍼마켓	supermarket
☐ 시장	market
☐ 인터넷 쇼핑몰	online shopping mall
☐ 할인 마트	discount store

쇼핑	Shopping
☐ 가격이 적당하다	to be an affordable price
☐ 값을 깎다	to beat down the price
☐ 교환하다	to exchange something for something else
☐ 신제품을 사다	to buy a new product
☐ 영수증을 받다	to get a receipt
☐ 저렴하다	to be inexpensive
☐ 중고품을 사다	to buy second-hand goods
☐ 할인되다	to be discounted
☐ 환불하다	to get a refund

Glossary

Ⓣ Textbook Ⓢ Study Guide

3인분 for three people Ⓣ 61

4인용 for four people Ⓣ 139

DVD DVD Ⓣ 50 Ⓢ 36

KTX Korea Train Express Ⓣ 38, 135 Ⓢ 24, 91, 101

NHK Japan Broadcasting Corporation Ⓣ 32, 33 Ⓢ 22

PC방 internet cafe Ⓣ 47, 49 Ⓢ 37

가게 store Ⓣ 59, 96, 97, 133, 136 Ⓢ 48, 68, 74, 91

가격 price Ⓣ 39, 138, 139, 141, 149, 150 Ⓢ 25, 74, 105, 107

가격이 적당하다 the price is affordable Ⓢ 107

가곡 song Ⓣ 30, 31 Ⓢ 20

가구점 furniture store Ⓣ 130

가까이 near by Ⓣ 78, 89, 148 Ⓢ 60

가능하다 to be possible Ⓣ 136 Ⓢ 83, 103

가능하면 if possible Ⓣ 119, 149

가로 horizontal Ⓣ 68, 69, 138, 139 Ⓢ 104

가루약 powdered medicine Ⓢ 93

가스레인지 gas range Ⓢ 107

가습기 humidifier Ⓣ 115, 137 Ⓢ 107

가이드 guide Ⓣ 82, 148

가입 신청서 subscription form Ⓣ 27, 29

가입 신청서를 쓰다 to fill out an application for membership Ⓣ 27, 29 Ⓢ 17, 23

가입하다 to subscribe Ⓣ 27, 29, 31 Ⓢ 17, 23, 18, 20

가져오다 to bring, to fetch Ⓢ 32, 53

가죽 leather Ⓣ 128, 139 Ⓢ 94, 105

가지 eggplant, aubergine Ⓢ 51

간 liver Ⓣ 125

간장 soy sauce Ⓢ 51

갈비찜 beef-rib stew Ⓣ 61

갈색 brown color Ⓣ 138, 139

갈아타다 to transfer Ⓣ 46 Ⓢ 33

감기약 cold medicine Ⓢ 93

감자 potato Ⓣ 67～69 Ⓢ 51

값싸다 to be cheap Ⓣ 71

값을 깎다 to beat down the price Ⓢ 107

강남역 Gangnam station Ⓣ 78, 79

강력하게 strongly Ⓣ 140

강아지 puppy Ⓣ 63 Ⓢ 45, 105

강원도 Gangwon-do Province Ⓢ 63

갚다 to pay back Ⓣ 128 Ⓢ 94

개업하다 to open (a business) Ⓢ 74

개월 month Ⓣ 21, 24, 25, 95 Ⓢ 11, 15

거리 distance Ⓢ 33

거북이 turtle Ⓣ 125

거의 nearly Ⓣ 23, 86, 121, 134, 138, 139, 146 Ⓢ 27, 39, 63, 76, 81, 100, 104

건강 health Ⓣ 81, 116, 119～125, 149 Ⓢ 35, 41, 59, 80, 81, 86, 91

건망증 forgetfulness Ⓣ 116 Ⓢ 93

건망증이 심하다 to be very forgetful of things Ⓣ 116 Ⓢ 93

건설 회사 construction company Ⓢ 79

건조하다 to be dry Ⓣ 114, 115 Ⓢ 85

검정 black Ⓣ 44, 138, 139 Ⓢ 30

게 crab Ⓢ 51

게이트 gate Ⓣ 76

넘다 to pass, to exceed Ⓣ 25, 148 Ⓢ 11

넣다 to put in Ⓣ 48, 60, 61, 63, 64, 66~70, 124, 147 Ⓢ 13, 37, 41, 43, 45, 47, 49

네덜란드 the Netherlands Ⓣ 20, 32, 33 Ⓢ 10, 21

노래를 부르다 to sing Ⓣ 135

노약자 the elderly and the infirm Ⓣ 149

녹차 green tea Ⓣ 60, 61 Ⓢ 94, 97

놀이 공원 amusement park Ⓣ 78, 79

높이 height Ⓣ 138, 139 Ⓢ 104

놓다 to place Ⓣ 130 Ⓢ 67

누르다 to press Ⓣ 135, 140

눈물 어리다 to be tearful Ⓣ 89

눈물이 나다 to tear up Ⓣ 98

늘 always Ⓣ 143

능력 ability Ⓣ 95, 148

다 돼 가다 to be almost done Ⓣ 25

다가오다 to approach Ⓣ 107

다르다 to be different Ⓣ 134, 135, 138 Ⓢ 100, 101

다양하다 to be diverse Ⓣ 38, 58 Ⓢ 24, 40

다이어트를 하다 to be on/go on a diet Ⓣ 120 Ⓢ 35, 44, 84

다지다 to chop Ⓣ 68 Ⓢ 49, 51

다치다 to be hurt Ⓣ 112 Ⓢ 81

다행히 fortunately Ⓢ 102

단말기 terminal Ⓣ 49

단말기에 찍다 to input Ⓣ 49 Ⓢ 37

단어를 외우다 to memorize vocabulary Ⓢ 37

단체 여행 group tour Ⓢ 65

단추 button Ⓣ 135

단풍 autumn foliage Ⓣ 83, 84, 85, 92

단풍 구경을 하다 to view the autumn foliage Ⓣ 83~85 Ⓢ 65

단풍잎 autumn leaves Ⓣ 89

닫히다 to close Ⓣ 107 Ⓢ 92

달콤하다 to be sweet Ⓣ 60, 61, 71

닭 chicken Ⓣ 59 Ⓢ 41

닭고기 chicken Ⓢ 48, 51

담그다 to soak Ⓢ 46

답장 written reply Ⓣ 50, 51 Ⓢ 35

당근 carrot Ⓣ 67 Ⓢ 51

당연히 naturally Ⓣ 104 Ⓢ 77

당장 at once Ⓣ 120, 121

대기업 enterprise Ⓣ 81, 106 Ⓢ 59

대기하다 to wait for, to stand by Ⓢ 79

대중목욕탕 public bath Ⓣ 104 Ⓢ 37

대체로 in general Ⓣ 140 Ⓢ 105

덧나다 to worsen Ⓣ 110 Ⓢ 80, 93

데려가다 to take with Ⓣ 125

도둑이 들다 to be robbed Ⓣ 45 Ⓢ 31

도망치다 to escape Ⓣ 125

도우미 helper Ⓣ 43

독감 influenza Ⓣ 110, 116, 119, 149 Ⓢ 86, 89, 91, 93

돈을 벌다 to earn money Ⓣ 96, 97

돌 stone Ⓣ 139 Ⓢ 107

돌려받다 to get back Ⓣ 46

돌리다 to turn Ⓣ 44 Ⓢ 30

돌보다 to take care of Ⓣ 98 Ⓢ 71, 79

만족스럽다 to be satisfied with Ⓣ 140, 141

만지다 to touch Ⓣ 119

많이 본 얼굴이다 to look familar Ⓢ 23

말을 타다 to ride a horse Ⓣ 85

맞추다 to check with Ⓣ 63, 111 Ⓢ 81

매주 weekly Ⓣ 30, 31

매진 sold out Ⓣ 76

맥주 beer Ⓣ 56, 104 Ⓢ 38, 41

맥주병 beer bottle Ⓢ 10, 14

멀리 far Ⓣ 32, 93 Ⓢ 21, 60, 67

멀미가 나다 to get motion sickness Ⓣ 117 Ⓢ 93

멋지다 to be nice/splendid Ⓣ 101 Ⓢ 55

메뉴 menu Ⓣ 58, 60 Ⓢ 40

면 cotton Ⓢ 107

면 noodles Ⓣ 64

면세점 duty-free shop Ⓣ 80 Ⓢ 58, 107

면접 interview Ⓣ 94, 95, 148 Ⓢ 68, 82

면접 시험에 떨어지다 to fail an interview Ⓢ 79

면접 시험에 붙다 to pass an interview Ⓢ 79

면접 시험에 합격하다 to pass an interview Ⓢ 79

면접시험을 보다 to do a job interview Ⓣ 94, 95 Ⓢ 79

멸치 anchovy Ⓣ 68

명절 national holiday Ⓣ 26, 70

모으다 to save Ⓣ 81, 111 Ⓢ 23, 59, 65, 81

모이다 to gather Ⓣ 30, 31 Ⓢ 20, 60

모임 시간을 알리다 to notify the time of a meeting Ⓢ 23

모임이 있다 to have a meeting Ⓢ 23

목도리 scarf Ⓣ 102, 103

목소리 voice Ⓣ 136 Ⓢ 14

목이 붓다 to have a swollen throat Ⓣ 113 Ⓢ 93

목적 purpose Ⓣ 24, 25, 27, 30, 48, 110, 116

몸이 차다 to have a low body temperature Ⓢ 93

무료 free Ⓣ 59, 101 Ⓢ 75

무역 회사 trading company Ⓣ 24, 25 Ⓢ 79

문구점 stationery store Ⓣ 47 Ⓢ 29, 37

문장을 만들다 to construct/make a sentence Ⓢ 37

문화 센터 cultural center Ⓣ 42, 43

문화재 cultural assets Ⓣ 86

물건 팔기 to sell goods Ⓢ 79

물기 moisture Ⓣ 89

물론이다 to be sure Ⓣ 76 Ⓢ 48

물약 liquid medicine Ⓣ 114, 115 Ⓢ 93

미리 in advance Ⓣ 107

미역 seaweed Ⓢ 51

믹서기 blender Ⓢ 107

민들레 dandelion Ⓣ 35

민속 마을에 가다 to go to a folk village Ⓢ 65

밀가루 flour Ⓣ 66, 67 Ⓢ 51

밀리다 to be left undone Ⓣ 104 Ⓢ 77

밀린 빨래 laundry left undone Ⓣ 104, 117 Ⓢ 77

바람을 쐬다 to expose to air Ⓣ 117 Ⓢ 87

바르다 to apply 110 Ⓢ 80, 93

바스락거리다 to rustle 107

반년 half a year Ⓣ 95, 148

반복하다 to repeat Ⓣ 140, 141

반죽 dough Ⓣ 66, 67

불 fire Ⓣ 64, 111, 147 Ⓢ 47, 81

불국사 Bulkuksa Ⓣ 86 Ⓢ 55

불균형 imbalance Ⓣ 122

불꽃놀이 fireworks Ⓣ 78, 79

불편하다 to be uncomfortable Ⓣ 38, 43, 132, 133, 136, 150 Ⓢ 24

붉게 타다 to flame Ⓣ 89

붓다 to pour Ⓣ 63, 66, 113, 114 Ⓢ 45, 58, 80, 93

붕대를 감다 to put a bandage (around) Ⓢ 93

붙이다 to paste Ⓢ 93

브로콜리 broccoli Ⓣ 67 Ⓢ 51

비닐 plastic, vinyl Ⓢ 107

비비다 to rub Ⓣ 149

비빔냉면 *bibim naengmyeon* Ⓣ 71

비타민 vitamin Ⓣ 122, 149

비행기 좌석을 예약하다 to book a flight Ⓢ 65

빌리다 to borrow Ⓣ 22 Ⓢ 65

빠르다 to be fast Ⓣ 38, 135 Ⓢ 24, 101

빨랐다 to have been fast Ⓣ 146 Ⓢ 101

빵집 bakery Ⓣ 47

빼다 to leave out Ⓣ 81, 111, 120, 121, 140 Ⓢ 59, 81, 90

사귀다 to date Ⓣ 41, 98, 146 Ⓢ 18, 29, 71

사라지다 to disappear Ⓣ 122, 143

사용 후기 product review Ⓣ 140, 141 Ⓢ 97, 105

사이즈 size Ⓣ 128, 139

사진관 photo studio Ⓣ 47 Ⓢ 37

사진을 찍다 to take pictures Ⓣ 82, 86, 87, 111, 150 Ⓢ 26, 52, 58, 59, 65, 101

산부인과 obstetrics and gynecology Ⓢ 93

살이 빠지다 to lose weight Ⓣ 22, 120

살이 찌다 to gain weight Ⓣ 120, 121

삶다 to boil Ⓣ 65 Ⓢ 51

상갓집 family in mourning Ⓣ 44 Ⓢ 30

상담 consultation Ⓣ 75 Ⓢ 18

상담하다 to counsel Ⓣ 41, 118 Ⓢ 27, 53

상대방 the other person Ⓣ 96, 133, 136

상처 wound Ⓣ 110

상처가 덧나다 to have a wound grow worse Ⓣ 110 Ⓢ 80, 93

상처를 치료하다 to treat a wound Ⓢ 93

상품평 product evaluation Ⓣ 140

새로 anew Ⓣ 28, 39, 146, 149 Ⓢ 13, 25, 74, 105

새벽 dawn Ⓣ 86 Ⓢ 63

새우 shrimp Ⓢ 51

새해 New Year Ⓣ 70, 81 Ⓢ 59, 63

색깔 color Ⓣ 38, 132, 136, 138~141, 150 Ⓢ 24, 102, 105

생각을 바꾸다 to change one's mind Ⓣ 143

생리통 menstrual cramps Ⓣ 113 Ⓢ 93

생선 fish Ⓣ 56, 142 Ⓢ 38, 51

생활 정보지 community news paper Ⓣ 111, 138, 139 Ⓢ 81

서랍장 dresser Ⓣ 137 Ⓢ 107

서로 잘 모르다 to not know each other well Ⓢ 23

서류 document Ⓣ 97, 130 Ⓢ 79, 96

서류를 내다 to submit a document Ⓢ 79

서명하다 to sign, to write one's signature Ⓢ 37

시끄럽다 to be noisy Ⓣ 101 Ⓢ 52

시내 downtown Ⓣ 80, 82, 86, 101, 148, 149 Ⓢ 55, 58, 60, 61, 63

시설 facility Ⓣ 80, 88, 47 Ⓢ 37, 58

시애틀 Seattle Ⓣ 76 Ⓢ 54

시원하다 to be refreshing Ⓣ 104, 105, 149 Ⓢ 70, 77, 78

시장 market Ⓣ 38, 80, 102, 103, 111, 142 Ⓢ 58, 59, 81, 107, 37

식기세척기 dishwasher Ⓣ 137 Ⓢ 107

식당에서 종업원으로 일하기 to serve in a restaurant Ⓢ 79

식사량 meal portion Ⓣ 120, 121 Ⓢ 90

식초 vinegar Ⓢ 51

식탁 dining table Ⓣ 137, 139 Ⓢ 107

식품 회사 food company Ⓢ 79

식혜 sweet drink made from fermented rice Ⓣ 92

식후 after a meal Ⓣ 115

신문 배달하기 to deliver newspapers Ⓣ 97 Ⓢ 79

신문사 newspaper company Ⓢ 79

신발 shoes Ⓣ 96, 97, 142 Ⓢ 88

신용 카드 credit card Ⓢ 37

신이 나다 to be excited Ⓢ 74

신입 회원이 되다 to become a new member of a club Ⓢ 23

신제품을 사다 to buy a new product Ⓢ 107

신청 application Ⓣ 43 Ⓢ 91

신하 servant Ⓣ 125

신혼여행 honeymoon Ⓢ 65

실력 ability Ⓣ 146 Ⓢ13, 18, 96

실수 mistake Ⓣ 135 Ⓢ 101

심각하다 to be severe Ⓣ 116 Ⓢ 86

심심하다 to be bored Ⓣ 42, 43 Ⓢ 29

심한 편 quite severe Ⓣ 114, 115

쌓이다 to accumulate Ⓣ 49, 117, 122, 124 Ⓢ 37

썰다 to cut Ⓣ 65~70 Ⓢ 49, 51

쓰레기 trash Ⓣ 48, 49 Ⓢ 34, 37

쓰레기봉투 trash bag Ⓣ 48, 49

쓰레기봉투를 사다 to buy a garbage bag Ⓢ 37

쓰레기봉투에 넣다 to put (something) into a garbage bag Ⓣ 48, 49 Ⓢ 37

쓰레기통 trash can Ⓣ 48, 49 Ⓢ 34

쓰레기통에 버리다 to throw something into a garbage (trash) can Ⓢ 34, 37

아들을 두다 to have a son Ⓣ 143

아르바이트 part-time job Ⓣ 50, 95~97, 111, 147, 148 Ⓢ 27, 36, 67, 70, 79, 81, 86

아시아 Asia Ⓣ 32, 33

아이 돌보기 to babysit Ⓢ 79

아이구나 oh Ⓣ 71

아이스크림 ice cream Ⓣ 61

아파트 apartment Ⓣ 48, 49, 138, 139, 147 Ⓢ 41, 59

악기를 연주하다 to play a musical instrument Ⓢ 23

안경점 eyeglass shop Ⓣ 47 Ⓢ 37

안과 ophthalmology Ⓢ 93

안내하다 to guide Ⓣ 96, 97 Ⓢ 79

알려 주다 to inform Ⓣ 28, 42, 43, 48, 49, 64, 66~78, 96,

전통 놀이 traditional games Ⓣ 26 Ⓢ 16

전혀 not at all Ⓣ 134, 148 Ⓢ 100

전화 카드 phone card Ⓢ 37

전화를 걸다 to call, to make a phone call

전화번호를 교환하다 to exchange phone numbers Ⓢ 23

절약하다 to economize Ⓣ 111 Ⓢ 81

점원 salesperson Ⓣ 96, 97, 136, 150 Ⓢ 79

젓다 to stir Ⓣ 63, 66 Ⓢ 45

정도 degree Ⓣ 46, 85, 103, 114, 115, 122, 146 Ⓢ 11, 17, 32, 49, 76, 84, 88, 91

정리 arrangement Ⓣ 77, 97, 117, 130, 147

정리하다 to put in order Ⓣ 77, 97 Ⓢ 63, 79, 96

정식 set menu Ⓣ 60, 61

정신과 psychiatry Ⓢ 93

정장 formal attire Ⓣ 132, 133

정형외과 orthopedics Ⓢ 93

정확히 precisely Ⓣ 42, 43 Ⓢ 29

제비꽃 violet Ⓣ 35

제시간 scheduled time Ⓣ 76 Ⓢ 54

제품 product Ⓣ 135, 137, 140, 141, 150 Ⓢ 105～107

조개 shellfish Ⓣ 68 Ⓢ 51

조금씩 gradually Ⓣ 67, 104, 105

조깅 jogging Ⓣ 75

조미료 seasoning Ⓣ 122

조언하다 to advise Ⓣ 102, 110, 120, 121 Ⓢ 76, 90

졸리다 to get sleepy Ⓣ 117

좁다 to be narrow Ⓣ 38 Ⓢ 24

종류 kind Ⓣ 38, 59, 94 Ⓢ 24, 37, 42, 79

종이류 paper Ⓢ 37

종이를 따로 버리다 to throw away paper separately Ⓢ 37

종이컵 paper cup Ⓣ 116 Ⓢ 86

주로 mainly Ⓣ 30, 31, 88, 119, 142, 148

주사실에서 주사를 맞다 to get an injection Ⓢ 93

주요리 main dish Ⓣ 60, 61

주유소 gas station Ⓣ 47 Ⓢ 37

주의 사항 matters that require attention Ⓣ 28, 114, 115

주의하다 to pay attention Ⓣ 33, 51, 63, 69, 87, 105, 123, 141, 149 Ⓢ 89

주차 안내하기 to guide visitors to available parking spots Ⓣ 97 Ⓢ 79

죽 porridge Ⓣ 60, 61, 115, 63 Ⓢ 45

줄이다 to reduce Ⓣ 111, 122 Ⓢ 59, 81

중고 secondhand Ⓣ 138, 139 Ⓢ 104

중고품을 사다 to buy second-hand goods Ⓢ 107

증권 회사 brokerage firm Ⓣ 94 Ⓢ 79

증상 symptom Ⓣ 113～115 Ⓢ 84, 85, 93

지각 대장 latecomer Ⓣ 32

지나다 to pass (the time)/go by Ⓣ 25, 136 Ⓢ 11

지도 map Ⓣ 74, 100 Ⓢ 52, 73

지방 fat Ⓣ 122

지원자 applicant Ⓣ 95, 148

지원하다 to apply Ⓣ 95 Ⓢ 68

지키다 to protect Ⓣ 116, 120～124 Ⓢ 86, 91

직업을 묻다 to ask one's occupation Ⓢ 23

직원 employee Ⓣ 76, 82, 101, 106, 135 Ⓢ 101

추천하다 to recommend Ⓣ 78, 79, 13~133, 140 Ⓢ 99
출장 business trip Ⓣ 57 Ⓢ 39, 62, 87
출출하다 to feel slightly hungry Ⓣ 147 Ⓢ 46
춤을 추다 to dance Ⓢ 23
충치 decayed tooth Ⓣ 118 Ⓢ 88, 93
취미 활동을 하다 to have a hobby Ⓣ 28, 146 Ⓢ 23
취소 cancel Ⓣ 112
치과 dentistry Ⓣ 118 Ⓢ 88, 93
치료하다 to receive treatment Ⓣ 118, 122 Ⓢ 88, 93
치통 toothache Ⓣ 113 Ⓢ 93
칭찬을 받다 to be praised Ⓢ 30

카드로 계산하다 to pay by credit card Ⓢ 32, 37
카드를 내다 to pay with a credit card Ⓣ 49 Ⓢ 37
카드를 사용하다 to use a card Ⓢ 37
카레 가루 curry powder Ⓣ 67 Ⓢ 51
칼 knife Ⓣ 110 Ⓢ 80
캔류 cans Ⓢ 37
커피 전문점에서 일하기 to work in a coffee shop Ⓣ 97 Ⓢ 79
컴퓨터 computer Ⓣ 45, 106, 110 Ⓢ 12, 31, 80, 107
컴퓨터 회사 computer company Ⓢ 79
컴퓨터 회사에서 일하기 to work for a computer company Ⓣ 97 Ⓢ 79
컵라면 cup noodles Ⓣ 122
케이블카 cable car Ⓣ 82
케이블카를 타다 to ride a cable car Ⓣ 82, 148 Ⓢ 65
켜지다 to turn on Ⓣ 136, 140, 141
코가 막히다 to have a stuffy nose Ⓣ 113 Ⓢ 93
코를 풀다 to blow one's nose Ⓣ 44 Ⓢ 30
콜라 cola Ⓣ 59, 104, 147 Ⓢ 41, 77
콧물이 나다 to have a runny nose Ⓣ 113 Ⓢ 84, 93
쿠션 cushion Ⓣ 139
쿵쿵거리다 to stamp Ⓣ 107
퀸 사이즈 queen size Ⓣ 139
크기 size Ⓣ 39, 138~140 Ⓢ 25, 40, 104, 105
큰술 tablespoon Ⓣ 68, 69 Ⓢ 49, 50

탈춤 mask dance Ⓣ 26 Ⓢ 16
태권도복 taekwondo uniform Ⓢ 32
택일 to choose one Ⓣ 61
털 fur Ⓣ 63 Ⓢ 45
텔레비전 television Ⓣ 22, 40 Ⓢ 12, 26, 71, 107
토끼 rabbit Ⓣ 125
토론회를 하다 to hold a debate Ⓣ 29 Ⓢ 23
토하다 to vomit Ⓣ 115 Ⓢ 93
토함산 Mt. Tohamsan Ⓣ 86
통닭 whole roast chicken Ⓣ 147 Ⓢ 41
통로 hallway Ⓣ 80 Ⓢ 58
통장 bankbook Ⓣ 118 Ⓢ 88
통화하다 to call Ⓣ 136 Ⓢ 34, 52
투어 tour Ⓣ 82, 148 Ⓢ 61, 65
튀기다 to deepfry Ⓣ 65 Ⓢ 51
특별하다 to be special Ⓣ 27, 122, 123, 147 Ⓢ 18, 59, 71, 105
특징 characteristic Ⓣ 33, 38, 138, 139
틀리다 to be wrong Ⓣ 45

About the Authors

김현진 Hyun Jin Kim
이화여자대학교 언어교육원 특임교수 Professor of Special Appointment, ELC, Ewha Womans Universiy
이화여자대학교 독어독문학과 박사
Ph.D. in Germans Linguistics, Ewha Womans Universiy

윤여옥 Yeo Ok Yoon
이화여자대학교 언어교육원 강사 Instructor of ELC, Ewha Womans Universiy
이화여자대학교 한국학과 석사 M.A. in Korean Studies, Ewha Womans Universiy

이은진 Eun Chin Yi
전 이화여자대학교 언어교육원 강사 Former Instructor of ELC, Ewha Womans Universiy
연세대학교 교육대학원 외국어로서의 한국어교육 전공 석사
M.A. in Korean Language Education as a Foreign Language, Yonsei University